CARTA ENCÍCLICA
REDEMPTORIS MATER
DO SUMO PONTÍFICE JOÃO PAULO II SOBRE
A BEM-AVENTURADA VIRGEM MARIA NA VIDA DA IGREJA QUE ESTÁ A CAMINHO

Direção-geral: *Flávia Reginatto*
Editora responsável: *Vera Ivanise Bombonatto*

15ª edição – 2010
4ª reimpressão – 2019

Nenhuma parte desta obra poderá ser reproduzida ou transmitida por qualquer forma e/ou quaisquer meios (eletrônico ou mecânico, incluindo fotocópia e gravação) ou arquivada em qualquer sistema ou banco de dados sem permissão escrita da Editora. Direitos reservados.

Paulinas

Rua Dona Inácia Uchoa, 62
04110-020 – São Paulo – SP (Brasil)
Tel.: (11) 2125-3500
http://www.paulinas.com.br – editora@paulinas.com.br
Telemarketing e SAC: 0800-7010081

© Pia Sociedade Filhas de São Paulo – São Paulo, 1989

*Veneráveis Irmãos,
Caríssimos Filhos e Filhas:
saúde e bênção apostólica!*

INTRODUÇÃO

1. A MÃE DO REDENTOR tem um lugar bem preciso no plano da salvação, porque, "ao chegar a plenitude dos tempos, Deus enviou o seu Filho, nascido de uma mulher, nascido sob a Lei, a fim de resgatar os que estavam sujeitos à Lei e para que nós recebêssemos a adoção de filhos. E porque vós sois filhos, Deus enviou aos nossos corações o Espírito do seu Filho, que clama: 'Abbá! Pai!'" (Gl 4,4-6).

Com estas palavras do apóstolo Paulo, que são referidas pelo Concílio Vaticano II no início da sua exposição sobre a bem-aventurada Virgem Maria,[1] desejo

---

[1] Cf. Const. dogm. sobre a Igreja *Lumen gentium*, 52, e todo o cap. VIII, intitulado "A bem-aventurada Virgem Maria, Mãe de Deus, no mistério de Cristo e da Igreja".

também eu começar a minha reflexão sobre o significado que Maria tem no mistério de Cristo e sobre a sua presença ativa e exemplar na vida da Igreja. Trata-se, de fato, de palavras que celebram conjuntamente o amor do Pai, a missão do Filho, o dom do Espírito Santo, a mulher da qual nasceu o Redentor e a nossa filiação divina, no mistério da "plenitude dos tempos".[2]

Esta "plenitude" indica o momento, fixado desde toda a eternidade, em que o Pai enviou o seu Filho, "para que todo o que nele crer não pereça, mas tenha a vida eterna" (Jo 3,16). Ela designa o momento abençoado em que "o Verbo, que estava junto de Deus [...], se fez carne e habitou entre nós" (Jo 1,1.14), fazendo-se nosso irmão. Essa "plenitude" marca o momento em que o Espírito Santo, que já tinha infundido a plenitude de graça em Maria de Nazaré, plasmou no seio virginal a natureza humana de Cristo. A mesma "plenitude" denota

---

[2] A expressão "plenitude dos tempos" é paralela a outras expressões análogas do judaísmo, quer bíblico (cf. Gn 29,21; 1Sm 7,12; Tb 14,5) quer extrabíblico, e especialmente do Novo Testamento (cf. Mc 1,15; Lc 21,24; Jo 7,8; Ef 1,10). Sob o ponto de vista formal, ela indica não apenas a conclusão de um processo cronológico, mas sobretudo a maturação e o desenrolar de um período particularmente importante, porque orientado para a realização de uma expectativa, revestindo-se por isso mesmo de uma dimensão escatológica. Atendo-nos à afirmação de Gl 4,4 e ao respectivo contexto, o que sucede é o advento do Filho de Deus que vem revelar que o tempo preencheu, por assim dizer, a sua medida; isto é, o período marcado pela promessa feita a Abraão, bem como pela Lei transmitida por Moisés, chegou ao ponto culminante, no sentido de que Cristo cumpre a promessa divina e torna superada a antiga Lei.

aquele momento em que, pelo ingresso do eterno no tempo, do divino no humano, o próprio tempo foi redimido e, tendo sido preenchido pelo mistério de Cristo, se torna definitivamente "tempo de salvação". Ela assinala, ainda, o início arcano da caminhada da Igreja. Na Liturgia, de fato, a Igreja saúda Maria de Nazaré como seu início,[3] por isso mesmo que já vê projetar-se, no evento da Conceição imaculada, como que antecipada no seu membro mais nobre, a graça salvadora da Páscoa; e, sobretudo, porque no acontecimento da Encarnação se encontram indissoluvelmente ligados Cristo e Maria Santíssima: aquele que é o seu Senhor e a sua cabeça, e aquela que, ao pronunciar o primeiro *fiat* ("faça-se") da Nova Aliança, prefigura a condição da mesma Igreja de esposa e de mãe.

2. Confortada pela presença de Cristo (cf. Mt 28,20), a Igreja caminha no tempo, no sentido da consumação dos séculos e procede para o encontro com o Senhor que vem. Mas nesta caminhada — desejo realçá-lo desde já — a Igreja procede seguindo as pegadas do *itinerário* percorrido pela Virgem Maria, a qual *"avançou na peregrinação da fé, mantendo fielmente a união com seu Filho até a cruz"*.[4]

---

[3] Cf. *Missal Romano*, Prefácio de 8 de dezembro — Imaculada Conceição da Virgem Santa Maria; S. Ambrósio, *De institutione Virginis*, XV, 93-94: *PL* 16, 342; Conc. Ecum. Vaticano II, Const. dogm. sobre a Igreja *Lumen gentium*, 58.

[4] Conc. Ecum. Vaticano II, Const. dogm. sobre a Igreja *Lumen gentium*, 58.

Refiro estas palavras tão densas, evocando assim a Constituição *Lumen gentium*, o documento que, no último capítulo, apresenta uma síntese vigorosa da fé e da doutrina da Igreja sobre o tema da Mãe de Cristo, venerada como Mãe amantíssima e como seu modelo na fé, na esperança e na caridade.

Poucos anos depois do Concílio, o meu grande predecessor Paulo VI houve por bem voltar a falar da Virgem Santíssima, expondo primeiramente na Carta Encíclica *Christi Matri* e, em seguida, nas Exortações Apostólicas *Signum magnum* e *Marialis cultus*,[5] os fundamentos e os critérios daquela veneração singular que a Mãe de Cristo recebe na Igreja, assim como as formas de devoção mariana — litúrgicas, populares e privadas — em correspondência com o espírito da fé.

3. A circunstância que agora impele também a mim a retomar esse assunto é a *perspectiva do Ano Dois Mil*, que já está próximo, no qual o jubileu bimilenário do nascimento de Jesus Cristo nos leva a volver o olhar simultaneamente para a sua Mãe. Nesses anos mais recentes, foram aparecendo diversos alvitres que apontavam a oportunidade de fazer ante-

---

[5] PAULO VI, Epist. Enc. *Christi Matri* (15 de setembro de 1966): *AAS* 58 (1966) 745-749; Exort. Apost. *Signum magnum* (13 de maio de 1967): *AAS* 59 (1967) 465-475; Exort. Apost. *Marialis cultus* (2 de fevereiro de 1974): *AAS* 66 (1974) 113-168.

ceder a comemoração bimilenária de um outro jubileu análogo, dedicado à celebração do nascimento de Maria Santíssima.

Na realidade, se não é possível estabelecer um *momento cronológico* preciso para aí fixar o nascimento de Maria, tem sido constante da parte da Igreja a consciência de que *Maria apareceu antes de Cristo* no horizonte da *história da salvação*.[6] É um fato que, ao aproximar-se definitivamente a "plenitude dos tempos", isto é, o advento salvífico do Emanuel, aquela que desde a eternidade estava destinada a ser sua Mãe já existia sobre a Terra. Esta sua "precedência", em relação à vinda de Cristo, tem anualmente os seus reflexos *na liturgia do Advento*. Por conseguinte, se os anos que nos vão aproximando do final do segundo milênio depois de Cristo e do início do terceiro forem cotejados com aquela antiga expectativa histórica do Salvador, torna-se perfeitamente compreensível que neste período desejemos voltar-nos de modo especial para aquela que, na "noite" da expectativa do Advento, começou a resplandecer como uma verdadeira "estrela da manhã" (*Stella matutina*). Com efeito, assim como esta estrela, conjuntamente com a aurora, precede o nascer do Sol, assim também Maria, desde a sua Conceição imaculada, precedeu a vinda

---

[6] O Antigo Testamento anunciou de muitas maneiras o mistério de Maria: cf. S. João Damasceno, *Hom. in Dormitionem I*, 8-9; *S. Ch.* 80, 103-107.

do Salvador, o nascer do "Sol da justiça" na história do gênero humano.[7]

A sua presença no meio do povo de Israel — tão discreta que passava quase despercebida aos olhos dos contemporâneos — brilhava bem clara diante do Eterno, que tinha associado esta ignorada "Filha de Sião" (Sf 3,14; Zc 2,14) ao plano salvífico que compreendia toda a história da humanidade. Com razão, pois, no final deste milênio, nós, cristãos, que sabemos ser o plano providencial da Santíssima Trindade *a realidade central da revelação e da fé*, sentimos a necessidade de pôr em relevo a presença singular da Mãe de Cristo na história, especialmente no decorrer deste último período de tempo que precede o ano dois mil.

4. Para isso nos prepara já o Concílio Vaticano II, ao apresentar no seu magistério *a Mãe de Deus no mistério de Cristo e da Igreja*. Com efeito, se "o mistério do homem só se esclarece verdadeiramente no mistério do Verbo Encarnado" — como proclama o mesmo Concílio[8] —, então é necessário aplicar este princípio, de modo muito particular, àquela excepcional "filha da estirpe humana", àquela "mulher" extraordinária que

---

[7] Cf. *Insegnamenti di Giovanni Paolo II*, VI/2 (1983) 225-226; Pio IX, Carta Apost. *Ineffabilis Deus* (8 de dezembro 1854): *Pii IX P.M. Acta*, pars I, 597-599.

[8] Cf. Const. past. sobre a Igreja no mundo contemporâneo *Gaudium et spes*, 22.

se tornou Mãe de Cristo. Só *no mistério de Cristo "se esclarece"* plenamente o *seu mistério*. Foi assim, de resto, que a Igreja, desde o princípio, procurou fazer a sua leitura: o mistério da Encarnação permitiu-lhe entender e esclarecer cada vez melhor o mistério da Mãe do Verbo Encarnado. Neste aprofundamento, teve uma importância decisiva o Concílio de Éfeso (a. 431), durante o qual, com grande alegria dos cristãos, a verdade sobre a maternidade divina de Maria foi confirmada solenemente como verdade de fé da Igreja. Maria é *a Mãe de Deus* (= *Theotókos*), uma vez que, por obra do Espírito Santo, concebeu no seu seio virginal e deu ao mundo Jesus Cristo, o Filho de Deus consubstancial ao Pai.[9] "O Filho de Deus [...], ao nascer da Virgem Maria, tornou-se verdadeiramente um de nós [...]",[10] fez-se homem. Desse modo, pois, mediante o mistério de Cristo, resplandece plenamente no horizonte da fé da Igreja o mistério da sua Mãe. O dogma da maternidade divina de Maria, por sua vez, foi para o Concílio de Éfeso e é para a Igreja como que uma chancela no dogma da Encarnação, em que o Verbo assume realmente, sem a anular, a natureza humana na unidade da sua pessoa.

---

[9] CONC. ECUM. DE ÉFESO, *Conciliorum Oecumenicorum Decreta*, Bologna 1973³, 41-44; 59-61 (*DS* 250-264); cf. CONC. ECUM. DE CALCEDÔNIA, op. cit., 84-87 (*DS* 300-303).

[10] CONC. ECUM. VATICANO II, Const. past. sobre a Igreja no mundo contemporâneo *Gaudium et spes*, 22.

5. O Concílio Vaticano II, apresentando Maria no mistério de Cristo, encontra desse modo o caminho para aprofundar também o conhecimento do mistério da Igreja. Maria, de fato, como Mãe de Cristo, está *unida de modo especial com a Igreja*, "que o Senhor constituiu como seu corpo".[11] O texto conciliar põe bem próximas uma da outra, significativamente, essa verdade sobre a Igreja como corpo de Cristo (segundo o ensino das Cartas de são Paulo) e a verdade de que o Filho de Deus "por obra do Espírito Santo nasceu da Virgem Maria". A realidade da Encarnação encontra como que um prolongamento *no mistério da Igreja — corpo de Cristo*. E não se pode pensar na mesma realidade da Encarnação sem fazer referência a Maria — Mãe do Verbo Encarnado.

Nas reflexões que passo a apresentar, porém, quero referir-me principalmente àquela "peregrinação da fé", na qual "a bem-aventurada Virgem Maria avançou", conservando fielmente a união com Cristo.[12] Desse modo, aquele *dúplice vínculo*, que une a Mãe de Deus *com Cristo e* com a Igreja, reveste-se de um significado histórico. E não se trata aqui simplesmente da história da Virgem Maria, do seu itinerário pessoal de fé e da "melhor parte" que

---

[11] Const. dogm. sobre a Igreja *Lumen gentium*, 52.
[12] Cf. idem, ibidem, 58.

ela tem no mistério da salvação; trata-se também da história de todo o Povo de Deus, de *todos aqueles que tomam parte* na mesma *peregrinação da fé*.

É isso o que exprime o Concílio, ao declarar, numa outra passagem, que a Virgem "precedeu", tornando-se "a figura da Igreja, na ordem da fé, da caridade e da perfeita união com Cristo".[13] Este seu "*preceder*", como figura *ou modelo*, refere-se ao próprio mistério íntimo da Igreja, a qual cumpre a própria missão salvífica unindo em si — à semelhança de Maria — as qualidades *de mãe e de virgem*. É virgem que "guarda fidelidade total e pura ao seu esposo" e "torna-se, também ela própria, mãe [...], pois gera para vida nova e imortal os filhos concebidos por ação do Espírito Santo e nascidos de Deus".[14]

6. Tudo isso se realiza num grande processo histórico e, por assim dizer, "numa caminhada". "A *peregrinação da fé*" indica a *história interior*, que é como quem diz a história das almas. Mas essa é também a história dos homens, sujeitos nesta Terra à condição transitória e situados nas dimensões históricas. Nas reflexões que seguem quereria, juntamente convosco, concentrar-me antes de tudo na

---

[13] Idem, ibidem, 63; cf. S. Ambrósio, *Expos. Evang. sec. Lucam*, II, 7: *CSEL*, 32/4, 45; *De institutione Virginis*, XIV, 88-89: *PL* 16, 341.

[14] Cf. Const. dogm. sobre a Igreja *Lumen gentium*, 64.

sua fase presente, que, aliás, de per si, não pertence ainda à história; e, contudo, incessantemente já a vai plasmando, também no sentido de história da salvação. Aqui se abre um espaço amplo, no interior do qual a bem-aventurada *Virgem Maria continua a "preceder" o Povo de Deus*. A sua excepcional peregrinação da fé representa um ponto de referência constante para a Igreja, para as pessoas singulares e para as comunidades, para os povos e para as nações e, em certo sentido, para toda a humanidade. É verdadeiramente difícil abarcar e medir o seu alcance.

O Concílio sublinha que *a Mãe de Deus já é a realização escatológica da Igreja*: "na Santíssima Virgem ela já atingiu aquela perfeição sem mancha nem ruga que lhe é própria" (cf. Ef 5,27) — e, simultaneamente, que "os fiéis ainda têm de envidar esforços para debelar o pecado e crescer na santidade; e, por isso, eles *levantam os olhos para Maria*, que brilha como modelo de virtudes sobre toda a comunidade dos eleitos".[15] A peregrinação da fé é algo que já não pertence à geratriz do Filho de Deus: glorificada nos céus ao lado do próprio Filho, a sua união com o mesmo Deus já transpôs o limiar entre a fé e a visão "face a face" (1Cor 13,12).

---

[15] Idem, ibidem, 65.

Ao mesmo tempo, porém, nesta realização escatológica, Maria não cessa de ser a "estrela do mar" (*Maris Stella*)[16] para todos aqueles que ainda percorrem o caminho da fé. Se levantam os olhos para ela nos diversos lugares onde se desenrola a sua existência terrena, fazem-no porque ela "deu à luz o Filho, que Deus estabeleceu como primogênito entre muitos irmãos" (Rm 8,29)[17] e também porque "ela coopera com amor de mãe " para "a regeneração e educação" destes irmãos e irmãs.[18]

---

[16] "Tira este astro, que é o Sol, que ilumina o mundo: continuará, porventura, a ser dia? Tira Maria, esta estrela do mar, sim, do mar imenso: que restará senão a escuridão profunda, sombras de mortes e trevas densíssimas?" (S. BERNARDO, *In Nativitate B. Mariae Sermo — De aquaeducto*, 6: *S. Bernardi Opera*, V, 1968, 279; cf. *In laudibus Virginis Matris Homilia II*, 17: ed. cit., IV, 1966, 34-35.

[17] Const. dogm. sobre a Igreja *Lumen gentium*, 63.

[18] Idem, ibidem, 63.

I Parte

MARIA NO MISTÉRIO DE CRISTO

1. Cheia de graça

7. "Bendito seja Deus e Pai de Nosso Senhor Jesus Cristo, o qual no alto dos céus nos abençoou com toda a sorte de bênçãos espirituais em Cristo" (Ef 1,3). Essas palavras da Carta aos Efésios revelam o eterno desígnio de Deus Pai, o seu plano de salvação do homem em Cristo. É um plano universal, que concerne a todos os homens criados à imagem e semelhança de Deus (cf. Gn 1,26). Todos eles, assim como "no princípio" estão compreendidos na obra criadora de Deus, assim também estão eternamente compreendidos no plano divino da salvação, que se deve revelar cabalmente na "plenitude dos tempos", com a vinda de Cristo. Com efeito, "nele", aquele Deus, que é "Pai de Nosso Senhor Jesus Cristo" — são as palavras que vêm a seguir na mesma Carta —, *"nos elegeu antes da criação do mundo*, para sermos santos e imaculados aos seus olhos. Por puro amor ele nos predestinou a sermos adotados por ele como filhos, por intermédio

de Jesus Cristo, segundo o beneplácito da sua vontade, para louvor da magnificência de sua graça, pela qual nos tornou agradáveis em seu *amado Filho*. Nele, mediante o seu sangue, temos a redenção, a remissão dos pecados, segundo as riquezas da sua graça" (Ef 1,4-7).

O *plano divino de salvação*, que nos foi revelado plenamente com a vinda de Cristo, é eterno. Ele é também — segundo o ensino contido na mesma Carta e noutras Cartas paulinas (cf. Cl 1,12-14; Rm 3,24; Gl 3,13; 2Cor 5,18-29) — algo que está *eternamente ligado a Cristo*. Ele compreende em si todos os homens; mas reserva um lugar singular à "mulher" que foi a Mãe daquele ao qual o Pai confiou a obra da salvação.[1] Como explica o Concílio Vaticano II, "Maria encontra-se já profeticamente delineada na promessa da vitória sobre a serpente, feita aos primeiros pais caídos no pecado", segundo o Livro do Gênesis (cf. 3,15). "Ela é, igualmente, a Virgem que conceberá e dará à luz um Filho, cujo nome será Emanuel", segundo as palavras de Isaías (7,14).[2] Desse modo, o Antigo Testamento prepara aquela "plenitude dos tempos", quando Deus haveria

---

[1] Sobre a predestinação de Maria, cf. S. João Damasceno, *Hom. in Nativitatem* 7, 10: *S. Ch.* 80, 65; 73; *Hom. in Dormitionem I*, 3: *S. Ch.* 80, 85: "Foi ela, de fato, a escolhida desde as gerações antigas, em virtude da predestinação e da benevolência de Deus e Pai que te (Verbo de Deus) gerou fora do tempo, sem sair de si mesmo e sem alteração; foi ela que te deu à luz e te alimentou da sua própria carne, nos últimos tempos [...]".

[2] Const. dogm. sobre a Igreja *Lumen gentium*, 55.

de enviar "o seu Filho, nascido duma mulher [...], para que nós recebêssemos a adoção como filhos". A vinda ao mundo do Filho de Deus é o acontecimento narrado nos primeiros capítulos dos Evangelhos segundo são Lucas e segundo são Mateus.

8. Maria é *introduzida no mistério de Cristo* definitivamente *mediante* aquele acontecimento que foi a *Anunciação* do Anjo. Esta deu-se em Nazaré, em circunstâncias bem precisas da história de Israel, o povo que foi o primeiro destinatário das promessas de Deus. O mensageiro divino diz à Virgem: "Salve, ó cheia de graça, o Senhor é contigo" (Lc 1,28). Maria "perturbou-se e interrogava-se a si própria sobre o que significaria aquela saudação" (Lc 1,29): que sentido teriam todas aquelas palavras extraordinárias, em particular a expressão "cheia de graça" (*kecharitoméne*).[3]

---

[3] Quanto a esta expressão, existe na tradição patrística uma ampla e diversificada interpretação: cf. Orígenes, *In Lucam homiliae, VI*, 7: *S. Ch.*, 87, 148; Severiano de Gabala, *In mundi creationem, Oratio*, VI, 10: *PG* 56, 497-498; S. João Crisóstomo (pseudo), *In Annuntiationem Deiparae et contra Arium impium*: *PG* 62, 765-766; Basílio de Selêucia, *Oratio 39, In Sanctissimae Deiparae Annuntiationem*, 5: *PG* 85, 441-446; Antipatro de Bostra, *Hom. II, In Sanctissimae Deiparae Annuntiationem*, 3-11: *PG* 85, 1777-1783; S. Sofrônio de Jerusalém, *Oratio II, In Sanctissimae Deiparae Annuntiationem*, 17-19: *PG* 87/3, 3235-3240; S. João Damasceno, *Hom. in Dormitionem I*, 7: *S. Ch.* 80, 96-101; S. Jerônimo, *Epistola 65*, 9: *PL* 22, 628: S. Ambrósio, *Expos. Evang. sec. Lucam*, II, 9: *CSEL* 32/4, 45-46; S. Agostinho, *Sermo 291*, 4-6: *PL* 38, 1318-1319; *Enchiridion*, 36, 11: *PL* 40, 250; S. Pedro Crisólogo, *Sermo 142*: *PL* 52, 579-580; *Sermo 143*: *PL* 52, 583; S. Fulgêncio de Ruspe, *Epistola 17*, VI, 12; *PL* 65, 548; S. Bernardo, *In laudibus Virginis Matris, Homilia III*, 2-3; *S. Bernardi Opera*, IV, 1966, 36-38.

Se quisermos meditar juntamente com Maria em tais palavras e, especialmente, na expressão "cheia de graça", podemos encontrar uma significativa correspondência precisamente na passagem acima citada da Carta aos Efésios. E se, depois do anúncio do mensageiro celeste, a Virgem de Nazaré é chamada também a "bendita entre as mulheres" (Lc 1,42), isso explica-se por causa daquela bênção com que "Deus Pai" nos cumulou "no alto dos céus, em Cristo". É uma *bênção espiritual*, que se refere a todos os homens e traz em si mesma a plenitude e a universalidade ("toda a sorte de bênçãos"), tal como brota do amor que, no Espírito Santo, une ao Pai o Filho consubstancial. Ao mesmo tempo, trata-se de uma bênção derramada por obra de Jesus Cristo na história humana até o fim: sobre todos os homens. Mas esta bênção refere-se *a Maria em medida especial e excepcional*: ela, de fato, foi saudada por Isabel como "a bendita entre as mulheres".

O motivo dessa dupla saudação, portanto, está no fato de se ter manifestado na alma desta "filha de Sião", em certo sentido, toda a "magnificência da graça", daquela graça com que "o Pai [...] nos tornou agradáveis em seu amado Filho". O mensageiro, efetivamente, saúda Maria como "cheia de graça"; e chama-a assim como se este fosse o seu verdadeiro nome. Não chama a sua interlocutora com o nome que lhe é próprio segundo o registro terreno: "Miryam" (= Maria); mas sim *com este nome novo: "cheia de graça"*. E o que significa este nome? Por que é que o arcanjo chama desse modo a Virgem de Nazaré?

Na linguagem da Bíblia, "graça" significa um dom especial, que, segundo o Novo Testamento, tem a sua fonte na vida trinitária do próprio Deus, de Deus que é amor (cf. 1Jo 4,8). É fruto desse amor *a eleição* — aquela eleição de que fala a Carta aos Efésios. Da parte de Deus, essa "escolha" é a eterna vontade de salvar o homem, mediante a participação na sua própria vida divina (cf. 2Pd 1,4) em Cristo: é a salvação pela participação na vida sobrenatural. O efeito desse dom eterno, dessa graça de eleição do homem por parte de Deus, é como que um *germe de santidade*, ou como que uma nascente a jorrar na alma do homem, qual dom do próprio Deus que, mediante a graça, vivifica e santifica os eleitos. Dessa forma se verifica, isto é, se torna realidade aquela "bênção" do homem "com toda a sorte de bênçãos espirituais", aquele "ser seus filhos adotivos [...] em Cristo", ou seja, naquele que é desde toda a eternidade o "Filho muito amado" do Pai.

Quando lemos que o mensageiro diz a Maria "cheia de graça", o contexto evangélico, no qual confluem revelações e promessas antigas, permite-nos entender que aqui se trata de uma "bênção" singular entre todas as "bênçãos espirituais em Cristo". No mistério de Cristo, Maria está *presente* já "antes da criação do mundo", como aquela a quem o Pai "escolheu" *para Mãe* do seu filho na Encarnação — e, conjuntamente ao Pai, escolhe-a também o Filho, confiando-a eternamente ao Espírito de santidade. Maria está unida a Cristo de um modo absolutamente especial e excepcional; e é *amada neste "Filho muito amado" desde toda a eternidade*, neste Filho consubstancial ao Pai, no qual se concentra toda a "magnificência da graça". Ao mesmo tempo, porém, ela é e permanece perfeitamente aberta para este "dom do Alto" (cf. Tg 1,17). Como ensina o Concílio, Maria "é a primeira entre os humildes e os pobres do Senhor, que confiadamente esperam e recebem dele a salvação".[4]

9. A saudação e o nome "cheia de graça" dizem-nos tudo isto; mas, no contexto do anúncio do anjo, referem-se em primeiro lugar *à eleição de Maria como Mãe do Filho de Deus*. Todavia, a plenitude de graça indica ao mesmo tempo toda a profusão de dons sobrenaturais com que Maria é beneficiada em relação com o fato de ter sido escolhida e destinada para ser Mãe de Cristo. Se essa eleição é fundamental para a realização dos desígnios salvíficos de Deus, a respeito da humanidade, e se a escolha eterna em Cristo e a destinação para a dignidade de filhos adotivos se referem a todos os homens, então a eleição de Maria

---

[4] Const. dogm. a Igreja *Lumen gentium*, 55.

é absolutamente excepcional e única. Daqui deriva também a singularidade e unicidade do seu lugar no mistério de Cristo.

O mensageiro divino diz-lhe: "Não temas, Maria, pois achaste graça diante de Deus. Eis que conceberás e darás à luz um filho, ao qual porás o nome de Jesus. Ele será grande e será chamado Filho do Altíssimo" (Lc 1,30-32). E quando a Virgem, perturbada por esta saudação extraordinária, pergunta: "Como se realizará isso, pois eu não conheço homem?", recebe do anjo a confirmação e a explicação das palavras anteriores. Gabriel diz-lhe: *"Virá sobre ti o Espírito Santo* e a potência do Altíssimo estenderá sobre ti a sua sombra. Por isso mesmo o Santo que vai nascer será chamado Filho de Deus" (Lc 1,35).

A Anunciação, portanto, é a revelação do mistério da Encarnação exatamente no início da sua realização na Terra. A doação salvífica que Deus faz de si mesmo e da sua vida, de alguma maneira a toda a criação e, diretamente, ao homem, *atinge no mistério da Encarnação um dos seus pontos culminantes*. Isso constitui, de fato, um vértice de todas as doações de graça na história do homem e do cosmo. Maria é a "cheia de graça", porque a Encarnação do Verbo, a união hipostática do Filho de Deus com a natureza humana, se realiza e se consuma precisamente nela. Como afirma o Concílio, Maria é "Mãe do Filho de Deus e, por isso, filha predileta do Pai e templo do Espírito

Santo; e, por este insigne dom de graça, leva vantagem a todas as demais criaturas entre o céu e a terra".[5]

10. A Carta aos Efésios, falando da "magnificência da graça" pela qual "Deus-Pai [...] nos tornou agradáveis em seu amado Filho", acrescenta: "Nele temos a redenção pelo seu sangue" (Ef 1,7). Segundo a doutrina formulada em documentos solenes da Igreja, esta "magnificência da graça" manifestou-se na Mãe de Deus pelo fato de ela ter sido "redimida de um modo mais sublime".[6] Em virtude da riqueza da graça do amado Filho e por motivo dos merecimentos redentores daquele que haveria de tornar-se seu Filho, Maria foi *preservada da herança do pecado original.*[7] Desse modo, logo desde o primeiro instante da sua concepção, ou seja, da sua existência, ela pertence a Cristo, participa da graça salvífica e santificante e daquele amor que tem o seu início no "amado Filho", no Filho do eterno Pai que, mediante a Encarnação, se tornou o seu próprio Filho. Sendo assim, por obra do Espírito Santo, na ordem da graça, ou seja, da participação da natureza divina, *Maria recebe a vida daquele ao qual*

---

[5] Idem, ibidem, 53.

[6] Cf. Pio IX, Carta Apost. *Ineffabilis Deus* (8 de dezembro de 1854); *Pii IX P.M. Acta*, pars I, 616; Conc. Ecum. Vaticano II, Const. dogm. sobre a Igreja *Lumen gentium*, 53.

[7] Cf. S. Germano de Const., *In Annuntiationem SS. Deiparae Hom.*: *PG* 98, 327-328; S. André de Creta, *Canon in B. Mariae Natalem*, 4: *PG* 97, 1321-1322; *In Nativitatem B. Mariae*, 1: *PG* 97, 811-812; *Hom. in Dormitionem S. Mariae*, 1: *PG* 97, 1067-1068.

ela própria, na ordem da geração terrena, *deu a vida* como mãe. A liturgia não hesita em chamá-la "geratriz do seu Genitor" [8] e em saudá-la com as palavras que Dante Alighieri põe na boca de são Bernardo: "filha do teu Filho".[9] E, uma vez que Maria recebe esta "vida nova" numa plenitude correspondente ao amor do Filho para com a Mãe, e por conseguinte à dignidade da maternidade divina, o anjo na Anunciação chama-a "cheia de graça".

11. No desígnio salvífico da Santíssima Trindade, o mistério da Encarnação constitui *o cumprimento* superabundante *da promessa* feita por Deus aos homens, *depois do pecado original*, depois daquele primeiro pecado cujos efeitos fazem sentir o seu peso sobre toda a história do homem na terra (cf. Gn 3,15). E eis que vem ao mundo um Filho, a "descendência da mulher", que vencerá o mal do pecado nas suas próprias raízes: "esmagará a cabeça" da serpente. Como resulta das palavras do proto-Evangelho, a vitória do Filho da mulher não se verificará sem uma árdua luta, que deve atravessar toda a história humana. "A inimizade", anunciada no princípio, é confirmada no Apocalipse, o livro das realidades últimas da Igreja e do mundo,

---

[8] *Liturgia das Horas* de 15 de agosto, solenidade da Assunção de Nossa Senhora, Hino das I e II Vésperas (ed. latina); S. PEDRO DAMIÃO, *Carmina et preces*, XLVII: *PL* 145, 934.

[9] *Divina Commedia, Paradiso*, XXXIII, 1; cf. *Liturgia das Horas,* Memória de Nossa Senhora nos Sábados, Hino II para o Ofício da Leitura (edição latina).

onde volta a aparecer o sinal de uma "mulher", desta vez "vestida de sol" (Ap 12,1).

Maria, Mãe do Verbo Encarnado, está colocada *no próprio centro dessa "inimizade"*, dessa luta que acompanha o evoluir da história da humanidade sobre a Terra e a própria história da salvação. Nesse seu lugar, ela, que faz parte dos "humildes e pobres do Senhor", apresenta em si, como nenhum outro dentre os seres humanos, aquela "magnificência de graça" com que o Pai nos agraciou no seu amado Filho; e esta *graça constitui a extraordinária grandeza e beleza* de todo o seu ser. Maria permanece, assim, diante de Deus e também diante de toda a humanidade, como o sinal imutável e inviolável da eleição por parte do mesmo Deus, de que fala a Carta paulina: "Em Cristo nos elegeu antes da criação do mundo [...] e nos predestinou para sermos seus filhos adotivos" (Ef 1,4.5). Essa eleição é mais forte que toda a experiência do mal e do pecado, que toda aquela "inimizade" pela qual está marcada toda a história do homem. Nesta história, Maria permanece um sinal de segura esperança.

2. Feliz daquela que acreditou

12. Logo depois de ter narrado a Anunciação, o evangelista são Lucas faz-nos de guia, seguindo os passos da Virgem em direção a "uma cidade de Judá" (Lc 1,39). Segundo os estudiosos, esta cidade devia ser

a "Ain-Karim" de hoje, situada entre as montanhas, não distante de Jerusalém. Maria dirigiu-se para lá "apressadamente", *para visitar Isabel*, sua parente. O motivo dessa visita há de ser procurado também no fato de Gabriel, durante a Anunciação, ter nomeado de maneira significativa Isabel, que em idade avançada tinha concebido do marido Zacarias um filho, pelo poder de Deus: "Isabel, tua parente, concebeu um filho, na sua velhice; e está já no sexto mês, ela, a quem chamavam estéril, porque *nada é impossível a Deus*" (Lc 1,36-37). O mensageiro divino tinha feito recurso ao evento que se realizara em Isabel para responder à pergunta de Maria: "Como se realizará isso, pois eu não conheço homem?" (Lc 1,34). Sim, será possível exatamente pelo "poder do Altíssimo", como e ainda mais do que no caso de Isabel.

Maria dirige-se, pois, impelida pela caridade, à casa da sua parente. Quando aí entrou, Isabel, ao responder à saudação, tendo sentido o menino estremecer de alegria no próprio seio, "cheia do Espírito Santo", *saúda* por sua vez *Maria* em alta voz: "Bendita és tu entre as mulheres e bendito o fruto do teu ventre" (cf. Lc 1,40-42). Esta proclamação e aclamação de Isabel deveria vir a entrar na *Ave-Maria*, como continuação da saudação do anjo, tornando-se assim uma das orações mais freqüentes da Igreja. Mas são ainda mais significativas as palavras de Isabel, na pergunta que se segue: "E donde me é dada a graça que venha ter comigo *a mãe do meu Senhor?*" (Lc 1,43). Isabel dá testemunho acerca de Maria: reconhece e proclama que diante de si está a Mãe do Senhor, a Mãe do Messias. Nesse testemunho participa também o filho que Isabel traz no seio: "Estremeceu de alegria o menino no meu seio" (Lc 1,44). O menino é o futuro João Batista, que, nas margens do Jordão, indicará em Jesus o Messias.

Todas as palavras, nessa saudação de Isabel, são densas de significado; no entanto, parece ser algo de *importância fundamental* o que ela diz no final: "*Feliz daquela que acreditou* que teriam cumprimento as coisas que lhe foram ditas da parte do Senhor" (Lc 1,45).[10] Essas palavras podem ser postas ao lado do apelativo "cheia de graça" da saudação do anjo. Em ambos os textos se revela um conteúdo mariológico essencial, isto é, a verdade acerca de Maria, cuja presença se tornou real no mistério de Cristo, precisamente porque ela "acreditou". *A plenitude de graça*, anunciada pelo anjo, significa o dom de Deus mesmo; *a fé de Maria*, proclamada por Isabel quando da Visitação, mostra como a Virgem de Nazaré *tinha correspondido a este dom.*

13. "A Deus que revela é devida 'a obediência da fé' (Rm 16,26; cf. Rm 1,5; 2Cor 10,5-6), pela qual

---

[10] S. Agostinho, *De Sacta Virginitate*, III, 3: *PL* 40, 398; *Sermo 25*, 7: *PL* 46, 937-938.

o homem se entrega total e livremente a Deus", como ensina o Concílio.[11] Exatamente essa descrição da fé teve em Maria uma atuação perfeita. O momento "decisivo" foi a Anunciação; e as palavras de Isabel — "feliz daquela que acreditou" — referem-se em primeiro lugar precisamente a esse momento.[12]

Na Anunciação, de fato, Maria *entregou-se a Deus* completamente, manifestando "a obediência da fé" àquele que lhe falava, mediante o seu mensageiro, prestando-lhe o "obséquio pleno da inteligência e da vontade".[13] Ela respondeu, pois, *com todo o seu "eu" humano e feminino*. Nessa resposta de fé estava contida uma cooperação perfeita com a "prévia e concomitante ajuda da graça divina" e uma disponibilidade perfeita à ação do Espírito Santo, o qual "aperfeiçoa continuamente a fé mediante os seus dons".[14]

---

[11] Const. dogm. sobre a Revelação Divina *Dei Verbum*, 5.

[12] É um termo clássico, exposto já por santo Ireneu: "Assim como foi por causa de uma virgem desobediente que o homem foi atingido e, depois da queda, ficou sujeito à morte, assim também foi por causa da Virgem que obedeceu à Palavra de Deus que o homem regenerado recebeu, por meio da vida, a vida [...]. Era conveniente e justo [...] que Eva fosse recapitulada em Maria a fim de que, tornando-se a Virgem advogada de uma outra virgem, ficasse destruída e abolida a desobediência de uma virgem pela obediência de outra virgem" (*Démonstration de la prédication apostolique*, 33: S. Ch. 62, 83-86; cf. também *Adversus Haereses*, V, 19, 1: S. Ch. 153, 248-250.

[13] CONC. ECUM. VATICANO II, Const. dogm. sobre a Revelação Divina *Dei Verbum*, 5.

[14] Idem, ibidem, 5; cf. Const. dogm. sobre a Igreja *Lumen gentium*, 56.

A palavra do Deus vivo, anunciada pelo anjo a Maria, referia-se a ela própria: "Eis que conceberás e darás à luz um filho" (Lc 1,31). Acolhendo esse anúncio, Maria devia tornar-se a "Mãe do Senhor" e realizar-se-ia nela o mistério divino da Encarnação: "O Pai das misericórdias quis que a aceitação, por parte da que ele predestinara para mãe, precedesse a Encarnação".[15] E Maria dá esse consenso, depois de ter ouvido todas as palavras do mensageiro. Diz: "Eis a serva do Senhor! Faça-se em mim segundo a tua palavra" (Lc 1,38). Este *fiat* de Maria — "faça-se em mim" — decidiu, da parte humana, o cumprimento do mistério divino. Existe uma consonância plena com as palavras do Filho que, segundo a Carta aos Hebreus, ao vir a este mundo, diz ao Pai: "Não quiseste sacrifícios nem oblações, *mas formaste-me um corpo* [...]. Eis que venho [...] para fazer, ó Deus, a tua vontade" (Hb 10,5-7). O mistério da Encarnação realizou-se quando Maria pronunciou o seu *fiat*: "Faça-se em mim segundo a tua palavra", tornando possível, pelo que a ela competia no desígnio divino, a aceitação do oferecimento do seu Filho.

Maria pronunciou este *"fiat" mediante a fé*. Foi mediante a fé que ela "se entregou a Deus" sem reservas e "se consagrou totalmente, como escrava do

---

[15] CONC. ECUM. VATICANO II, Const. dogm. sobre a Igreja *Lumen gentium*, 56.

Senhor, à pessoa e à obra do seu Filho".[16] E este Filho — como ensinam os Padres da Igreja — concebeu-o na mente antes de o conceber no seio: precisamente mediante a fé![17] Com justeza, portanto, Isabel louva Maria: "Feliz daquela que acreditou *que teriam cumprimento* as coisas que lhe foram ditas da parte do Senhor". Essas coisas já se tinham cumprido: Maria de Nazaré apresenta-se no limiar da casa de Isabel e de Zacarias como Mãe do Filho de Deus. É essa a descoberta letificante de Isabel: "A mãe do meu Senhor vem ter comigo!".

14. Por conseguinte, também a fé de Maria pode ser *comparada com a de Abraão*, a quem o apóstolo chama "nosso pai na fé" (Rm 4,12). Na economia salvífica da Revelação divina, a fé de Abraão constitui o início da Antiga Aliança; a fé de Maria, na Anunciação, dá início à Nova Aliança. Assim como Abraão, *"esperando contra toda a esperança, acreditou* que haveria de se tornar pai de muitos povos" (Rm 4,18), também Maria, no momento da Anunciação, depois de ter declarado a sua condição de virgem ("Como será isto, se eu não conheço homem?"), *acreditou* que pelo poder do Altíssimo, por obra do Espírito Santo, se

---

[16] Idem, ibidem, 56.

[17] Cf. idem, ibidem, 53; S. Agostinho, *De Sancta Virginitate*, III, 3: *PL* 40, 398; *Sermo 215*, 4: *PL* 38, 1074; *Sermo 196*, I: *PL* 38, 1019; *De peccatorum meritis et remissione*, I, 29, 57: *PL* 44, 142; *Sermo 25*, 7: *PL* 46, 937-938; S. Leão Magno, *Tractatus 21, de natate Domini*, I: *CCL* 138, 86.

tornaria a Mãe do Filho de Deus segundo a revelação do anjo: "Por isso mesmo o Santo que vai nascer será chamado Filho de Deus" (Lc 1,35).

Entretanto, as palavras de Isabel: "Feliz daquela que acreditou" não se aplicam apenas àquele momento particular da Anunciação. Esta representa, sem dúvida, o momento culminante da fé de Maria na expectação de Cristo, mas é também o ponto de partida no qual se inicia todo o seu "itinerário para Deus", toda a sua caminhada de fé. E será ao longo desse caminho que a "obediência" por ela professada à palavra da revelação divina irá ser atuada, de modo eminente e verdadeiramente heróico ou, melhor dito, com um heroísmo de fé cada vez maior. E essa "obediência da fé" da parte de Maria, durante toda a sua caminhada, terá surpreendentes analogias com a fé de Abraão. Do mesmo modo que o patriarca do Povo de Deus, também Maria, ao longo do caminho do seu *fiat* filial e materno, "esperando contra a esperança, *acreditou"*. Especialmente ao longo de algumas fases deste seu caminhar, a bênção concebida "àquela que acreditou" tornar-se-á manifesta com particular evidência. Acreditar quer dizer "abandonar-se" à própria verdade da palavra do Deus vivo, sabendo e reconhecendo humildemente "quanto são insondáveis os seus desígnios e *imperscrutáveis as suas vias"* (Rm 11,33). Maria, que pela eterna vontade do Altíssimo veio a encontrar-se, por assim dizer, no próprio centro daquelas "imperscrutáveis vias" e daqueles "insondáveis desígnios" de Deus, conforma-se a eles na obscuridade da fé, aceitando plenamente e com o coração aberto tudo aquilo que é disposição dos desígnios divinos.

15. Na Anunciação, quando Maria ouve falar do Filho de que deve tornar-se geratriz e ao qual "porá o nome de Jesus" (= Salvador), passa também a conhecer que "o Senhor Deus lhe dará o trono de seu pai Davi", que ele "reinará sobre a casa de Jacó eternamente e o seu reinado não terá fim" (Lc 1,32-33). Era nesse sentido que se orientava toda a esperança de Israel. O Messias prometido devia ser "grande"; e também o mensageiro celeste anuncia que *"será grande"*: grande, quer pelo nome de *Filho do Altíssimo*, quer pelo fato de assumir a *herança de Davi*. Há de, portanto, ser rei, há de reinar "sobre a casa de Jacó". Maria tinha crescido no meio dessa expectativa do seu povo: estaria ela em condições de captar, no momento da Anunciação, qual o sentido essencial que podiam ter as palavras do anjo, e como devia ser entendido aquele "reino" que "não terá fim" ?

Se bem que, mediante a fé, ela possa ter-se sentido naquele instante mãe do "Messias-rei", contudo respondeu: *"Eis a serva do Senhor! Faça-se em mim segundo a tua palavra"* (Lc 1,38). Desde o primeiro momento, Maria professou sobretudo "a obediência da fé", abandonando-se àquele sentido que dava às palavras da Anunciação aquele do qual elas provinham: o próprio Deus.

16. No caminho da "obediência da fé", ainda, Maria, um pouco mais tarde, *ouve outras palavras*: aquelas que foram pronunciadas por Simeão, no templo de Jerusalém. Estava-se já no quadragésimo dia depois do nascimento de Jesus, quando Maria e José, segundo a prescrição da Lei de Moisés, "levaram o menino a Jerusalém, para o oferecer ao Senhor" (Lc 2,22). O nascimento verificara-se em condições de extrema pobreza. Com efeito, sabemos através de são Lucas que, por ocasião do recenseamento da população ordenado pelas autoridades romanas, Maria se dirigiu com José a Belém; e não tendo encontrado "lugar na hospedaria", *deu à luz o seu filho num estábulo* e reclinou-o numa manjedoura" (Lc 2,7).

Um homem justo e piedoso, de nome Simeão, aparece naquele momento dos inícios do "itinerário" da fé de Maria. As suas palavras, sugeridas pelo Espírito Santo (cf. Lc 2,25-27), confirmam a verdade da Anunciação. Lemos, efetivamente, que ele "tomou nos seus braços" o menino, ao qual — segundo a palavra do anjo — deram nome de Jesus" (Lc 2,21). Aquilo que Simeão diz está conforme com o significado desse nome, que quer dizer Salvador: "Deus é a salvação". Dirigindo-se ao Senhor, ele exprime-se assim: "Os meus olhos viram a tua *salvação*, que preparaste *em favor de todos os povos*; luz para iluminar as nações e glória de Israel, teu povo" (Lc 2,30-32). Nessa mesma altura, porém, Simeão dirige-se a Maria com as seguintes palavras: "Ele é destinado a ser ocasião de queda e de ressurgimento para muitos em Israel e a ser um *sinal* de *contradição* [...] a fim de se revelarem os pensamentos de muitos corações"; e acrescenta, com referência direta a Maria: "E tu mesma terás a alma trespassada por uma espada" (Lc 2,34-35). As palavras de Simeão colocam sob uma luz nova o anúncio que Maria tinha ouvido do anjo: Jesus é o Salvador, é *"luz para iluminar"* os homens. Não foi isso que, de algum modo, se manifestou na noite de Natal, quando *os pastores* vieram ao estábulo? (cf. Lc 2,8-20). Não foi isso o que se manifestou também, e ainda mais, quando da vinda dos *Magos do Oriente*? (cf. Mt 2,1-12). Ao mesmo tempo, porém, logo desde o início da sua vida, o Filho de Maria, e com ele a sua Mãe, experimentarão em si mesmos a verdade daquelas outras palavras de Simeão: "Sinal de contradição" (cf. Lc 2,34). Aquilo que Simeão diz apresenta-se como um *segundo anúncio a Maria*, uma vez que indica a dimensão histórica concreta em que o Filho realizará a sua missão, ou seja, na incompreensão e na dor. Se este outro anúncio confirma, por um lado, a sua fé no cumprimento das promessas divinas da salvação, por outro, também lhe revela que ela terá de viver a sua obediência de fé no sofrimento, ao lado do Salvador que sofre, e que a sua maternidade será obscura e marcada pela dor. Com efeito, depois da visita dos Magos, depois de eles lhe terem rendido homenagem ("prostrados o adoraram") e depois da oferta dos dons (cf. Mt 2,11), sucede que Maria, com o menino, *tem de fugir para o Egito* sob a proteção desvelada de José, porque Herodes estava a "procurar o menino para o matar" (Mt 2,13). E teriam de ficar no Egito até a morte de Herodes (cf. Mt 2,15).

17. Depois da morte de Herodes, quando se dá o retorno da sagrada família a Nazaré, inicia-se o longo *período da vida oculta*. Aquela que "acreditou no cumprimento das coisas que lhe foram ditas da parte do Senhor" (Lc 1,45) vive no dia-a-dia o conteúdo dessas palavras. O filho a quem *deu o nome de Jesus* está quotidianamente ao seu lado; assim, no contato com ele, usa certamente esse nome, o que não devia, aliás, causar estranheza a ninguém, tratando-se de um nome que era usual, desde havia muito tempo, em Israel. Maria sabe, no entanto, que aquele a quem foi posto o nome de Jesus foi *chamado pelo anjo "Filho do Altíssimo"* (Lc 1,32). Maria sabe que o concebeu e deu à luz "sem ter conhecido homem", por obra do Espírito Santo, com o poder do Altíssimo, que sobre ela estendeu a sua sombra (cf. Lc 1,35), tal como nos tempos de Moisés e dos antepassados a nuvem velava a presença de Deus (cf. Ex 24,16; 40,34-35; 1Rs 8,10-12).

Maria sabe, portanto, que o Filho, por ela dado à luz virginalmente, é precisamente aquele "Santo", "o Filho de Deus" de que lhe havia falado o anjo.

Durante os anos da vida oculta de Jesus na casa de Nazaré, também *a vida de Maria "está escondida com Cristo em Deus"* (cf. Cl 3,3) *mediante a fé*. A fé, efetivamente, é um contato com o mistério de Deus. Maria está constante e quotidianamente em contato com o mistério inefável de Deus que se fez homem, mistério que supera tudo aquilo que foi revelado na Antiga Aliança. Desde o momento da Anunciação, a mente da Virgem-Mãe foi introduzida na "novidade" radical de auto-revelação de Deus e tornada cônscia do mistério. Ela é a primeira daqueles "pequeninos" dos quais um dia Jesus dirá: "Pai [...], escondeste estas coisas aos sábios e aos sagazes e as revelaste aos pequeninos" (Mt 11,25). Na verdade, "ninguém conhece o Filho senão o Pai" (Mt 11,27). Como poderá então Maria "conhecer o Filho"? Certamente, não como o Pai o conhece; e, no entanto, *ela é a primeira entre aqueles aos quais o Pai "o quis revelar"* (cf. Mt 11,26-27; 1Cor 2,11). Se, porém, desde o momento da Anunciação lhe foi revelado o Filho, que apenas o Pai conhece completamente, como aquele que o gera no "hoje" eterno (cf. Sl 2,7), então Maria, a Mãe, está em contato com a verdade do seu Filho somente na fé e mediante a fé! Portanto, é feliz porque "acreditou"; e *acredita dia a dia*, no meio de todas as provações e contrariedades do período da infância de Jesus e, depois, durante os anos da sua vida oculta em Nazaré, quando ele "lhes era submisso" (Lc 2,51): submisso a Maria e também a José, porque José, diante dos homens, fazia para ele as vezes de pai; e era por isso que o Filho de Maria era tido pela gente do lugar como "o filho do carpinteiro" (Mt 13,55).

A Mãe, por conseguinte, lembrada de tudo o que lhe havia sido dito acerca deste seu Filho, na Anunciação e nos acontecimentos sucessivos, é portadora em si mesma da "novidade" radical da fé: *o início da Nova Aliança*. Esse é o início do Evangelho, isto é, da Boa Nova, da jubilosa nova. Não é difícil, porém, perceber naquele início *um particular aperto do coração*, unido a uma espécie de "noite da fé" — para usar as palavras de são João da Cruz — como que um "véu" através do qual é forçoso aproximar-se do Invisível e viver na intimidade com o mistério.[18] Foi desse modo, efetivamente, que Maria, durante muitos anos, *permaneceu na intimidade com o mistério do seu Filho*, e avançou no seu itinerário de fé, à medida que Jesus "crescia em sabedoria [...] e graça, diante de Deus e dos homens" (Lc 2,52). Manifestava-se cada vez mais aos olhos dos homens a predileção que Deus tinha por ele. A primeira entre essas criaturas humanas admitidas à descoberta

---

[18] *Subida del Monte Carmelo*, l. II, cap. 3,4-6.

de Cristo foi Maria, que, com ele e com José, vivia na mesma casa em Nazaré.

Todavia, na ocasião em que o reencontraram no templo, à pergunta da Mãe: "Por que procedeste assim conosco?", *Jesus — então menino de doze anos —* respondeu: "Não sabíeis que devo ocupar-me das coisas de meu Pai?"; e o evangelista acrescenta: "Mas *eles* (José e Maria) *não entenderam* as suas palavras" (Lc 2,48-50). Portanto, Jesus tinha a consciência de que "só o Pai conhece o Filho" (cf. Mt 11,27); tanto assim que até aquela a quem tinha sido revelado mais profundamente o mistério da sua filiação divina, a sua Mãe, vivia na intimidade com este mistério somente mediante a fé! Encontrando-se constantemente ao lado do Filho, sob o mesmo teto, e "conservando fielmente a união com o Filho", ela *"avançava na peregrinação da fé"*, como acentua o Concílio.[19] E assim sucedeu também durante a vida pública de Cristo (cf. Mc 3,21-35), pelo que, dia a dia, se cumpriram nela as palavras abençoantes pronunciadas por Isabel, quando da Visitação: "Feliz daquela que acreditou".

18. Estas palavras abençoantes atingem a plenitude do seu significado *quando Maria está aos pés da cruz* do seu Filho (cf. Jo 19,25). O Concílio afirma que isso "aconteceu não sem um desígnio divino": "padecendo acerbamente com o seu Unigênito, associando-se

---

[19] Cf. Const. dogm. sobre a Igreja *Lumen gentium*, 58.

com ânimo maternal ao seu sacrifício e consentindo com amor na imolação da vítima que ela havia gerado", foi deste modo que Maria "conservou fielmente a união com seu Filho até a cruz,[20] a união mediante a fé: a mesma fé com a qual tinha acolhido a revelação do anjo no momento da Anunciação. Nesse momento ela tinha também ouvido dizer: "será grande [...], *o Senhor Deus* dar-lhe-á o trono de seu pai Davi [...], reinará eternamente na casa de Jacó e o seu reinado não terá fim" (Lc 1,32-33).

E agora, estando ali aos pés da cruz, Maria é testemunha, humanamente falando, do *desmentido cabal dessas palavras*. O seu filho agoniza, suspenso naquele madeiro como um condenado. "Desprezado e rejeitado pelos homens; homem das dores [...]; era menosprezado e nenhum caso fazíamos dele [...] como que destruído" (Is 53,3-5). Quão grande e heróica foi então a *"obediência da fé"* demonstrada por Maria diante dos "insondáveis desígnios" de Deus! Como ela se "abandonou nas mãos de Deus" sem reservas, "prestando o pleno obséquio da inteligência e da vontade"[21] àquele cujas "vias são imperscrutáveis !" (cf. Rm 11,33). E, ao mesmo tempo, quanto se mostra potente a ação da graça na sua alma e quanto é penetrante a influência do Espírito Santo, da sua luz e da sua virtude!

---

[20] Idem, ibidem, 58.

[21] Cf. Conc. Ecum. Vaticano II. Const. dogm. sobre a Revelação Divina *Dei Verbum*, 5.

Mediante essa sua fé, Maria está perfeitamente unida a Cristo no seu despojamento. Com efeito, "Jesus Cristo, [...] subsistindo na natureza divina, não julgou o ser igual a Deus um bem a que não devesse nunca renunciar; mas despojou-se a si mesmo tomando a forma de servo, tornando-se semelhante aos homens": precisamente sobre o Gólgota "humilhou-se a si mesmo, fazendo-se obediente até a morte, e morte de cruz" (cf. Fl 2,5-8). E aos pés da cruz Maria participa mediante a fé no mistério desconcertante desse despojamento. Isso constitui, talvez, a mais profunda *"kénose" da fé* na história da humanidade. Mediante a fé, a Mãe participa da morte do Filho, da sua morte redentora; mas, bem diferente da fé dos discípulos, que se davam à fuga, a fé de Maria era muito esclarecida. Sobre o Gólgota, Jesus confirmou definitivamente, por meio da cruz, ser "o sinal de contradição" predito por Simeão. Ao mesmo tempo, cumpriram-se aí as palavras dirigidas pelo mesmo ancião a Maria: "E tu mesma terás a alma trespassada por uma espada".[22]

19. Sim, verdadeiramente, "feliz daquela que acreditou"! Essas palavras, pronunciadas por Isabel já depois da Anunciação, parecem ressoar aqui, aos pés da cruz, com suprema eloqüência; e a força que elas

---

[22] Acerca da participação e "compaixão" de Maria na morte de Cristo, cf. S. BERNARDO, *In Dominica infra octavam Assumptionis Sermo*, 14: *S. Bernardi Opera*, V, 1968, 273.

encerram torna-se penetrante. Da cruz ou, por assim dizer, do próprio coração do mistério da Redenção, se esparge a irradiação e se dilata a perspectiva daquelas palavras abençoadoras da sua fé. Elas remontam "até ao princípio" e, como participação no sacrifício de Cristo, novo Adão, tornam-se, em certo sentido, *o contrabalanço da desobediência e da incredulidade* presentes no pecado de nossos primeiros pais. Assim o ensinam os Padres da Igreja, especialmente santo Ireneu, citado na Constituição *Lumen gentium*: "O nó da desobediência de Eva foi desatado pela obediência de Maria; e aquilo que a Virgem Eva atou, com a sua incredulidade, a Virgem Maria *desatou-o com a sua fé*".[23] À luz dessa comparação com Eva, os mesmos Padres — como recorda ainda o Concílio — chamam Maria de "mãe dos vivos" e afirmam muitas vezes: "A morte veio por Eva, a vida por meio de Maria".[24]

Com razão, portanto, podemos encontrar na expressão "feliz daquela que acreditou" *como que uma chave* que nos abre o acesso à realidade íntima de Maria: daquela que foi saudada pelo anjo como "cheia da graça". Se como "cheia de graça" ela esteve eternamente presente no mistério de Cristo, agora, mediante

---

[23] S. Ireneu, *Adversus Haereses*, III, 22, 4: *S. Ch.* 211, 438-444; cf. Const. dogm. sobre a Igreja *Lumen gentium*, 56, nota 6.

[24] Cf. Const. dogm. sobre a Igreja *Lumen gentium*, 56, e os Padres que aí são citados nas notas 8 e 9.

a fé, torna-se dele participante em toda a extensão do seu itinerário terreno: "avançou na peregrinação da fé" e, ao mesmo tempo, de maneira discreta, mas direta e eficazmente, tornava presente aos homens o *mesmo mistério de Cristo*. E ainda continua a fazê-lo. E mediante o mistério de Cristo, também ela está presente entre os homens. Desse modo, através do mistério do Filho, esclarece-se também o mistério da Mãe.

3. Eis a tua mãe

20. O Evangelho de são Lucas registra o momento em que "uma mulher ergueu a voz do meio da multidão e disse", dirigindo-se a Jesus: *"Ditoso o ventre que te trouxe e ditosos os seios em que foste amamentado!"* (Lc 11,27). Essas palavras constituíam um louvor para Maria, como Mãe de Jesus segundo a carne. A Mãe de Jesus talvez não fosse conhecida pessoalmente por essa mulher; de fato, quando Jesus iniciou a sua atividade messiânica, Maria não o acompanhava, mas continuava a viver em Nazaré. Dir-se-ia que as palavras dessa mulher desconhecida a fizeram sair, de algum modo, do seu esconderijo.

Através de tais palavras lampejou no meio da multidão, ao menos por um instante, o evangelho da infância de Jesus. É o evangelho em que Maria está presente como a mãe que concebe Jesus no seu seio, o dá à luz e maternamente o amamenta: a mãe-nutriz, a que alude aquela mulher do povo. *Graças a esta maternidade, Jesus* — Filho do Altíssimo (cf. Lc 1,32) — é um verdadeiro *filho do homem*. É "carne", como todos os homens: é "o Verbo (que) se fez carne" (cf. Jo 1,14). É carne e sangue de Maria![25]

Mas, às palavras abençoantes proferidas por aquela mulher em relação à sua geratriz segundo a carne, Jesus responde de modo significativo: "Ditosos antes *os que ouvem a palavra de Deus e a põem em prática*" (Lc 11,28). Ele quer desviar a atenção da maternidade entendida só como um vínculo do sangue, para a orientar no sentido daqueles vínculos misteriosos do espírito, que se formam com o prestar ouvidos e com a observância da palavra de Deus.

A mesma transferência, na esfera dos valores espirituais, delineia-se ainda mais claramente numa outra resposta de Jesus, relatada por todos os Sinóticos. Quando foi anunciado ao mesmo Jesus que a sua "Mãe e os seus irmãos estavam lá fora e desejavam vê-lo", ele respondeu: "*Minha mãe e meus irmãos são aqueles que ouvem a palavra de Deus e a põem em prática*" (cf. Lc 8,20-21). Disse isso "percorrendo com o olhar os que estavam sentados à volta dele", como lemos

---

[25] "Cristo é verdade, Cristo é carne: Cristo é verdade no espírito de Maria, Cristo é carne no seio de Maria" (S. Agostinho, *Sermo 25* [*Sermones inediti*], 7: *PL* 46, 938.

em são Marcos (3,34) ou, segundo são Mateus (12,49), "indicando com a mão os seus discípulos".

Essas expressões parecem situar-se *na linha daquilo que Jesus — então menino de doze anos —* respondeu a Maria e a José, quando foi reencontrado, depois de três dias, no templo de Jerusalém.

Agora, uma vez que Jesus já tinha saído de Nazaré para dar início à sua vida pública por toda a Palestina, *estava* doravante *completa e exclusivamente "ocupado nas coisas do Pai"* (Lc 2,49). Ocupava-se em anunciar o Reino: o "Reino de Deus" e as "coisas do Pai", que dão também uma dimensão nova e um sentido novo a tudo aquilo que é humano; e, por conseguinte, a todos os laços humanos, em relação com os fins e as funções estabelecidos para cada um dos homens. Com essa nova dimensão, também um laço, como o da "fraternidade", significa algo diverso da "fraternidade segundo a carne", que provém da origem comum dos mesmos pais. E até mesmo a *"maternidade", vista na dimensão do Reino de Deus, na irradiação da paternidade do próprio Deus, alcança um outro sentido.* Com as palavras referidas por são Lucas, Jesus ensina precisamente esse novo sentido de maternidade.

Ter-se-á afastado, por causa disso, daquela que foi sua mãe, a sua geratriz segundo a carne? Desejará, porventura, deixá-la na sombra do escondimento, que ela própria escolheu? Embora assim possa parecer, se nos ativermos só ao som material daquelas palavras, devemos observar, no entanto, que a maternidade nova e diversa, de que Jesus fala aos seus discípulos, refere-se precisamente a Maria e de modo especialíssimo. Não é, acaso, Maria *a primeira dentre "aqueles que ouvem a palavra de Deus e a põem em prática"*? E, portanto, não se referirão sobretudo a ela aquelas palavras abençoantes pronunciadas por Jesus, em resposta às palavras da mulher anônima? Maria é digna, sem dúvida alguma, de tais palavras de bênção, pelo fato de se ter tornado Mãe de Jesus segundo a carne ("Ditoso o ventre que te trouxe e ditosos os seios em que foste amamentado"); mas é digna delas também e sobretudo porque, logo desde o momento da Anunciação, acolheu a palavra de Deus e porque nela creditou e sempre *foi obediente a Deus*; ela, com efeito, "guardava" a palavra, meditava-a "no seu coração" (Lc 1,38-45; 2,19.51) e cumpria-a com toda a sua vida. Podemos, portanto, afirmar que as palavras de bem-aventurança pronunciadas por Jesus não se contrapõem, apesar das aparências, àquelas outras que foram proferidas pela mulher desconhecida; mas antes, que com elas se co-adunam na pessoa dessa Mãe-Virgem, que a si mesma se designou simplesmente como "serva do Senhor" (Lc 1,38). Se é verdade que "todas as gerações a chamarão bem-aventurada" (Lc 1,48), pode-se dizer que aquela mulher anônima foi a primeira a confirmar, sem disso ter consciência, aquele vínculo profético do *Magnificat* de Maria e a dar início ao *Magnificat* dos séculos.

Se Maria, *mediante a fé*, se tornou a geratriz do Filho que lhe foi dado pelo Pai com o poder do Espírito Santo, conservando íntegra a sua virgindade, com a mesma fé ela *descobriu e acolheu a outra dimensão da maternidade*, revelada por Jesus no decorrer da sua missão messiânica. Pode-se dizer que essa dimensão da maternidade era possuída por Maria desde o início, isto é, desde o momento da concepção e do nascimento do Filho. Desde então ela foi "aquela que acreditou". Mas, à medida que se ia esclarecendo aos seus olhos e no seu espírito a missão do Filho, ela própria, como Mãe, se *ia abrindo* cada vez mais para *aquela "novidade" da maternidade*, que devia constituir a sua "parte" ao lado do Filho. Não declarara ela, desde o princípio: "Eis a serva do Senhor! Faça-se em mim segundo a tua palavra" (Lc 1,38)? Maria continuava, pois, mediante a fé, a ouvir e a meditar aquela palavra, na qual se tornava cada vez mais transparente, de um modo "que excede todo conhecimento" (Ef 3,19), a auto-revelação de Deus vivo. E, assim, Maria Mãe tornava-se, *em certo sentido, a primeira "discípula" do seu Filho*, a primeira a quem ele parecia dizer: "Segue-me", mesmo antes de dirigir esse chamamento aos apóstolos ou a quaisquer outros (cf. Jo 1,43).

21. Sob esse ponto de vista, é particularmente eloqüente aquele texto do Evangelho de são João, que nos apresenta Maria nas bodas de Caná. Maria aparece aí como Mãe de Jesus, o qual estava nos princípios da vida pública: "Celebravam-se umas *bodas em Caná da Galiléia*; e encontrava-se lá a mãe de Jesus. Foi também convidado para as bodas Jesus, com os seus discípulos" (Jo 2,1-2). Do texto resultaria que Jesus e os seus discípulos foram convidados juntamente com Maria, quiçá por motivo da presença dela nessa festa: o Filho parece ter sido convidado em atenção à mãe. É conhecida a seqüência dos fatos relacionados com esse convite: aquele "início dos milagres" feitos por Jesus — a água transformada em vinho — que leva o evangelista a dizer: Jesus "manifestou a sua glória e os seus discípulos acreditaram nele" (Jo 2,11).

Maria está presente em Caná da Galiléia como *Mãe de Jesus e contribui*, de modo significativo, para aquele "início dos milagres", que revelam o poder messiânico do seu Filho. "Ora, vindo a faltar o vinho, a Mãe de Jesus disse-lhe: 'Não têm mais vinho'. E Jesus respondeu-lhe: 'Que importa isso, a mim e a ti, ó mulher? Ainda não chegou a minha hora'" (Jo 2,3-4). No Evangelho de São João aquela "hora" significa o momento estabelecido pelo Pai, em que o Filho levará a cabo a sua obra e há de ser glorificado (cf. Jo 7,30; 8,20; 12,23.27; 13,1; 17,1; 19,27). Muito embora a resposta de Jesus à sua Mãe tenha as aparências de uma recusa (sobretudo se, mais do que na interrogação, se reparar naquela afirmação firme: "Ainda não chegou a minha hora"), mesmo assim Maria dirige-se aos que serviam e diz-lhes: "Fazei aquilo que ele vos disser" (Jo 2,5). Então Jesus ordena a esses servos que encham as talhas de água; e a água transforma-se em vinho, melhor do que aquele que fora servido anteriormente aos convidados do banquete nupcial.

Que entendimento profundo terá havido entre Jesus e a sua Mãe? Como se poderá explorar o mistério da sua íntima união espiritual? De qualquer modo, o fato é eloqüente. Naquele evento é bem certo que já se delineia bastante claramente *a nova dimensão*, o sentido novo *da maternidade de Maria*. Esta tem um significado que não está encerrado exclusivamente nas palavras de Jesus e nos diversos episódios referidos pelos Sinóticos (Lc 11,27-28; Lc 8,19-21; Mt 12,46-50; Mc 3,31-35). Nesses textos Jesus tem o intuito, sobretudo, de contrapor a maternidade que resulta do próprio fato do nascimento àquilo que essa "maternidade" (assim como a "fraternidade") deve ser na dimensão do Reino de Deus, na irradiação salvífica da paternidade do mesmo Deus. No texto de são João, ao contrário, a partir da descrição dos fatos de Caná, esboça-se aquilo em que se manifesta concretamente essa maternidade nova, segundo o espírito e não somente segundo a carne, ou seja, *a solicitude de Maria pelos homens*, o seu ir ao encontro deles, na vasta gama das suas carências e necessidades. Em Caná da Galiléia torna-se patente só um aspecto concreto da indigência humana, pequeno aparentemente e de pouca importância ("Não têm mais vinho"). Mas é algo que tem um valor simbólico: aquele ir ao encontro das necessidades do homem significa, ao mesmo tempo, introduzi-las no âmbito da missão messiânica e do poder salvífico de Cristo. Dá-se, portanto, uma mediação: Maria põe-se de permeio entre seu filho e os homens na realidade das suas privações, das suas indulgências e dos seus sofrimentos. *Põe-se de "permeio", isto é, faz de mediadora, não como uma estranha, mas na sua posição de mãe*, consciente de que como tal pode — ou antes, "tem o direito de" — tornar presente ao Filho as necessidades dos homens. A sua mediação, portanto, tem um caráter de intercessão: Maria "intercede" pelos homens. E não é tudo: como Mãe *deseja* também que se manifeste *o poder messiânico do Filho*, ou seja, o seu poder salvífico que se destina a socorrer as desventuras humanas, a libertar o homem do mal que, sob diversas formas e em diversas proporções, faz sentir o peso na sua vida. Precisamente como o profeta Isaías tinha predito acerca do Messias, no famoso texto a que Jesus se refere na presença dos seus conterrâneos de Nazaré: "Para anunciar aos pobres a Boa Nova me enviou, para proclamar aos prisioneiros a libertação e aos cegos a vista [...]" (Lc 4,18).

Outro elemento essencial dessa função maternal de Maria pode ser captado nas palavras dirigidas aos que serviam à mesa: "Fazei aquilo que ele vos disser". *A Mãe* de Cristo apresenta-se diante dos homens como *porta-voz da vontade do Filho*, como quem indica aquelas exigências que devem ser satisfeitas, para que possa manifestar-se o poder salvífico do Messias. Em Caná, graças à intercessão de Maria e à obediência dos servos, Jesus dá início à "sua hora". Em Caná, Maria aparece *como quem acredita em Jesus*: a sua fé provoca da parte dele o primeiro "milagre" e contribui para suscitar a fé dos discípulos.

22. Podemos dizer, por conseguinte, que nessa página do evangelho de são João encontramos como que um primeiro assomo da verdade acerca da solicitude maternal de Maria. Essa verdade teve a sua expressão também no *magistério do recente Concílio*. É importante notar que a função maternal de Maria é por ele ilustrada na sua relação com a mediação de Cristo. Com efeito, podemos aí ler: "A função maternal de Maria para com os homens de modo algum obscurece ou diminui essa única mediação de Cristo; manifesta antes a sua eficácia", porque "um só é o mediador entre Deus e os homens, o homem Cristo Jesus" (1Tm 2,5). Essa função maternal de Maria promana, segundo o beneplácito de Deus, "da superabundância dos méritos de Cristo, funda-se na

sua mediação e dela depende inteiramente, haurindo aí toda a sua eficácia".[26] É precisamente nesse sentido que o evento de Caná da Galiléia nos oferece *como que um pré-anúncio da mediação de Maria*, toda ela orientada para Cristo e propendente para a revelação do seu poder salvífico.

Do texto joanino transparece que se trata de uma mediação materna. Como proclama o Concílio: Maria "foi para nós mãe na ordem da graça". Essa maternidade na ordem da graça resultou da sua própria maternidade divina: porque sendo ela, por disposição da Divina Providência, mãe-nutriz do Redentor, foi associada à sua obra, de maneira única, como "amiga generosa" e humilde "serva do Senhor", que "cooperou [...] na obra do Salvador com a obediência e com a sua fé, esperança e caridade ardente, para restaurar nas almas a vida sobrenatural".[27] "E essa *maternidade de Maria na economia da graça* perdura sem interrupção [...] até a consumação perpétua de todos os eleitos".[28]

23. Se essa passagem do evangelho de são João, sobre os fatos de Caná, apresenta a maternidade desvelada de Maria no início da atividade messiâ-

---

[26] Const. dogm. sobre a Igreja *Lumen gentium*, 60.
[27] Idem, ibidem, 61.
[28] Idem, ibidem, 62.

nica de Cristo, há uma outra passagem do mesmo Evangelho que confirma essa maternidade na economia salvífica da graça no seu momento culminante, isto é, quando se realiza o sacrifício de Cristo na Cruz, o seu mistério pascal. A descrição de são João é concisa: *"Estavam junto à cruz de Jesus* sua mãe, a irmã de sua mãe, Maria, mulher de Cléofas, e Maria Madalena. Jesus, então, vendo a mãe e perto dela o discípulo que amava, disse à mãe: 'Mulher, eis o teu filho!'. Depois, disse ao discípulo: 'Eis a tua mãe!'. E a partir daquele momento, o discípulo levou-a para a sua casa" (Jo 19,25-27).

Nesse episódio, reconhece-se, sem dúvida, uma expressão do desvelo singular do Filho para com a Mãe, que ele ia deixar no meio de tanto sofrimento. Todavia, quanto ao sentido desse desvelo, o "testamento da cruz" de Cristo diz algo mais. Jesus põe em relevo um vínculo novo entre Mãe e Filho, do qual confirma solenemente toda a verdade e realidade. Pode-se dizer que, se a maternidade de Maria em relação aos homens já tinha aflorado e se tinha delineado em precedência, agora é claramente precisada e estabelecida: ela *emerge* da maturação definitiva do *mistério pascal do Redentor*. A Mãe de Cristo, encontrando-se na irradiação direta desse mistério que abrange o homem — todos e cada um dos homens — é dada ao homem — a todos e cada um dos homens — como mãe. Esse homem aos pés da cruz é João, "o discípulo que ele amava".[29] Porém não é ele como um só homem. A Tradição e o Concílio não hesitam em chamar Maria de *"Mãe de Cristo e Mãe dos homens*: ela está, efetivamente, associada na descendência de Adão com todos os homens [...], mais ainda, é verdadeiramente mãe dos membros (de Cristo) [...], porque cooperou com o seu amor para o nascimento dos fiéis na Igreja".[30]

Essa "nova maternidade de Maria", portanto, gerada pela fé, *é fruto do "novo" amor*, que nela amadureceu definitivamente aos pés da cruz, mediante a sua participação no amor redentor do Filho.

24. Encontramo-nos assim no próprio centro do cumprimento da promessa, contida no proto-Evangelho: a "descendência da mulher esmagará a cabeça da serpente" (Gn 3,15). Jesus Cristo, de fato, com a sua morte redentora vence o mal do pecado e da morte nas suas próprias raízes. É significativo que, dirigindo-se à Mãe do alto da cruz, ele a chame de "mulher", ao dizer-lhe: "Mulher, eis o teu filho". Com o mesmo termo, de res-

---

[29] É conhecido aquilo que Orígenes escreve sobre a presença de Maria e de João no Calvário: "Os Evangelhos são as primícias de toda a Escritura; e o evangelho de João é o primeiro dos Evangelhos: ninguém pode captar o sentido desse Evangelho, se não tiver pousado a cabeça no peito de Jesus e não tiver recebido da parte de Jesus Maria como Mãe" (*Comm. in Joan.*, 1, 6: *PG* 14, 31; cf. S. AMBRÓSIO, *Expos. Evang. sec. Lucam*, X, 129-131: *CSEL* 32/4, 504-505).

[30] Cons. dogm. sobre a Igreja *Lumen gentium*, 54 e 53; este último texto conciliar cita S. AGOSTINHO, *De Sancta Virginitate*, VI, 6: *PL* 40, 399.

to, se tinha dirigido também a ela em Caná (cf. Jo 2,4). Como duvidar de que, especialmente agora, no alto do Gólgota, esta frase atinja em profundidade o mistério de Maria, pondo em realce o *"lugar" singular que ela tem em toda a economia da salvação?* Como ensina o Concílio, com Maria, "excelsa Filha de Sião, passada a longa espera da promessa, completam-se os tempos e instaura-se uma nova economia, quando o Filho de Deus assumiu dela a natureza humana, para libertar o homem do pecado, por meio dos mistérios de sua carne".[31]

As palavras que Jesus pronuncia do alto da cruz significam que *a maternidade* da sua geratriz tem uma "nova" continuação *na Igreja e mediante a Igreja*, simbolizada e representada por são João. Desse modo, aquela que, como "a cheia de graça" foi introduzida no mistério de Cristo para ser sua Mãe, isto é, a *Santa Geratriz de Deus*, por meio da Igreja permanece naquele mistério *como "a mulher"* indicada pelo livro do Gênesis (cf. 3,15), no princípio, e pelo Apocalipse (cf. 12,1), no final da história da salvação. Segundo o eterno desígnio da Providência, a maternidade divina de Maria deve estender-se à Igreja, como estão a indicar certas afirmações da Tradição, segundo as quais a maternidade de Maria para com a Igreja é o reflexo e o prolongamento da sua maternidade para com o Filho de Deus.[32]

---

[31] Const. dogm. sobre a Igreja *Lumen gentium*, 55.

[32] Cf. S. Leão Magno, *Tractatus 26, de natale Domini 2*: *CCL* 138, 126.

O próprio momento do nascimento da Igreja e da sua plena manifestação ao mundo, segundo o Concílio, já deixa entrever essa continuidade da maternidade de Maria: "Tendo sido do agrado de Deus não manifestar solenemente o mistério da salvação humana, antes de ter derramado o Espírito prometido por Cristo, vemos os *apóstolos*, antes do dia do Pentecostes, 'assíduos e concordes *na oração*, com algumas mulheres e *com Maria, a Mãe de Jesus*, e com os irmãos dele' (At 1,14), implorando também Maria, com orações, o dom daquele Espírito que já tinha estendido sobre ela a sua sombra, na Anunciação".[33]

Sendo assim, na economia redentora da graça, atuada sob a ação do Espírito Santo, existe uma correspondência singular entre o momento da Encarnação do Verbo e o momento do nascimento da Igreja. E a pessoa que une esses dois momentos é Maria: *Maria em Nazaré* e *Maria no Cenáculo de Jerusalém*. Em ambos os casos, a sua presença discreta, mas essencial, indica a via do "nascimento do Espírito". Assim, aquela que está presente no mistério de Cristo como Mãe, torna-se — por vontade do Filho e por obra do Espírito Santo — presente no mistério da Igreja. E também na Igreja continua a ser uma *presença materna*, como indicam as palavras pronunciadas na cruz: "Mulher, eis o teu filho"; "Eis a tua mãe".

---

[33] Const. dogm. sobre a Igreja *Lumen gentium*, 59.

II Parte

A MÃE DE DEUS NO CENTRO DA IGREJA QUE ESTÁ A CAMINHO

1. A Igreja, Povo de Deus presente em todas as nações da terra

25. "A Igreja 'prossegue a sua peregrinação no meio das perseguições do mundo e das consolações de Deus',[1] anunciando a paixão e a morte do Senhor até que ele venha (cf. 1Cor 11,26)".[2] "Assim como Israel segundo a carne, que peregrinava no deserto, é já chamado Igreja de Deus (cf. Esd 13,1; Nm 20,4; Dt 23,1ss), também o novo Israel [...] se chama Igreja de Cristo (cf. Mt 16,18), porque ele a adquiriu com o seu próprio sangue (cf. At 20,28), a encheu com o seu Espírito e a dotou com os meios adequados para a unidade visível e social. *A todos aqueles que olham com fé para Jesus*, como autor da salvação e princípio de unidade e de paz, Deus convocou-os e constituiu com eles a Igreja,

---

[1] S. Agostinho, *De Civitate Dei*, XVIII, 51: *CCL* 48, 650.
[2] Conc. Ecum. Vaticano II, Const. dogm. sobre a Igreja *Lumen gentium*, 8.

a fim de que ela seja para todos e cada um sacramento visível dessa unidade salvífica".[3]

O Concílio Vaticano II fala da Igreja que ainda está a caminho, estabelecendo uma analogia com o Israel da Antiga Aliança em peregrinação através do deserto. A peregrinação possui um *caráter* também *externo*, visível no tempo e no espaço, em que ela se efetua historicamente. A Igreja, de fato, "devendo estender-se a toda a terra", "entra na história dos homens, mas simultaneamente transcende os tempos e as fronteiras dos povos".[4] Porém, o *caráter* essencial dessa peregrinação da Igreja é *interior*: trata-se de uma *peregrinação mediante a fé*, pela "virtude do Senhor Ressuscitado",[5] de uma peregrinação no Espírito Santo, que foi dado à Igreja como Consolador invisível (*paraklétos*) (cf. Jo 14,26; 15,26; 16,7): "Por entre as tentações e tribulações que vai encontrando no seu peregrinar, a Igreja é confortada pela força da graça de Deus, que lhe foi prometida pelo Senhor, para que [...] não cesse nunca de renovar-se, com o auxílio do Espírito Santo, até que, pela cruz, chegue àquela luz que não conhece ocaso".[6]

---

[3] Idem, ibidem, 9.
[4] Idem, ibidem, 9.
[5] Idem, ibidem, 8.
[6] Idem, ibidem, 9.

Precisamente *ao longo dessa caminhada-peregrinação* eclesial, através do espaço e do tempo e, mais ainda, através da história das almas, *Maria está presente*, como aquela que é "feliz porque acreditou", como aquela que avançava na peregrinação da fé, participando como nenhuma outra criatura no mistério de Cristo. Diz ainda o Concílio que "Maria [...], pela sua participação íntima na história da salvação, reúne, por assim dizer, e reflete em si os imperativos mais altos da fé".[7] Ela é, entre todos os que acreditam, *como um "espelho"*, em que se refletem da maneira mais profunda e mais límpida "as maravilhas de Deus" (At 2,11).

26. Edificada por Cristo sobre os apóstolos, a Igreja tornou-se plenamente cônscia dessas "maravilhas de Deus" no *dia de Pentecostes*, quando os que estavam congregados no Cenáculo de Jerusalém "ficaram todos cheios do Espírito Santo e começaram a falar outras línguas, segundo o Espírito Santo lhes concedia que se exprimissem" (At 2,4). A partir desse momento *começa* também aquela caminhada de fé, *a peregrinação da Igreja* através da história dos homens e dos povos. É sabido que, ao iniciar-se essa caminhada, Maria se encontrava presente; vemo-la no meio dos apóstolos no Cenáculo de Jerusalém, "implorando com as suas orações o dom do Espírito".[8]

---

[7] Idem, ibidem, 65.

[8] Idem, ibidem, 59.

A sua caminhada de fé, em certo sentido, é mais longa. O Espírito Santo já tinha descido sobre ela, que se tornou sua fiel esposa *na Anunciação*, acolhendo o Verbo de Deus vivo, rendendo "o obséquio pleno da inteligência e da vontade e prestando o voluntário assentimento à sua revelação"; ou melhor, abandonando-se totalmente nas mãos de Deus, "mediante a obediência de fé",[9] pelo que respondeu ao anjo: "Eis a serva do Senhor! Faça-se em mim segundo a tua palavra" (Lc 1,38). Assim, a caminhada de fé de Maria, que vemos orando no Cenáculo, é "mais longa" que a dos outros que aí se encontravam reunidos: Maria "precede-os", "vai adiante" deles.[10] O *momento do Pentecostes* em Jerusalém foi preparado pelo *momento da Anunciação* em Nazaré. No Cenáculo, o "itinerário" de Maria encontra-se com a caminhada da fé da Igreja. E de que modo?

Entre aqueles que eram assíduos à oração no Cenáculo, preparando-se para ir "por todo o mundo" depois de receber o Espírito Santo, alguns *tinham sido chamados por Jesus*, uns após outros, sucessivamente, desde os primórdios da sua missão em Israel. Onze dentre eles *tinham sido constituídos apóstolos*; e a estes Jesus tinha transmitido a missão que ele próprio rece-

---

[9] Cf. CONC. ECUM. VATICANO II, Const. dogm. sobre a Revelação divina *Dei Verbum*, 5.

[10] Cf. CONC. ECUM. VATICANO II, Const. dogm. sobre a Igreja *Lumen gentium*, 63.

bera do Pai: "Assim como o Pai me enviou, também eu vos envio a vós" (Jo 20,21), tinha ele dito aos mesmos apóstolos depois da Ressurreição. E, passados quarenta dias, antes de voltar para o Pai, tinha acrescentado ainda: "Quando o Espírito Santo tiver descido sobre vós [...], *sereis minhas testemunhas* até as extremidades da Terra" (cf. At 1,8). Essa missão dos apóstolos teve início a partir do momento da sua saída do Cenáculo de Jerusalém. A Igreja nasce e começa então a crescer, mediante o testemunho que Pedro e os demais apóstolos dão acerca de Cristo crucificado e ressuscitado (cf. At 2,31-34; 3,15-18; 4,10-12; 5,30-32).

Maria não recebeu diretamente essa missão apostólica. Não se encontrava entre aqueles que Jesus enviou "por todo o mundo para ensinar todas as gentes" (cf. Mt 28,19), quando lhes conferiu tal missão. Estava, porém, no Cenáculo, onde os apóstolos se preparavam para assumir essa sua missão com a vinda do Espírito da Verdade: Maria estava com eles. No meio deles ela era "assídua na oração como Mãe de Jesus" (cf. At 1,13-14), ou seja, de Cristo crucificado e ressuscitado. E esse primeiro núcleo daqueles que se voltavam "com fé para Jesus Cristo, autor da salvação",[11] estava consciente de que o mesmo Jesus era filho de Maria e de que ela era sua Mãe; e como tal, desde o momento da concepção

---

[11] Cf. idem, ibidem, 9.

e do nascimento, ela era *uma testemunha especial do mistério de Jesus*, daquele mistério que tinha sido expresso e confirmado diante dos seus olhos com a cruz e a Ressurreição. A Igreja, portanto, desde o primeiro momento, "olhou" para Maria através de Jesus, como também "olhou" para Jesus através de Maria. Ela foi para a Igreja de então e de sempre uma testemunha singular dos anos da infância de Jesus e da sua vida oculta em Nazaré, período em que ela *"conservava todas estas coisas*, ponderando-as *no seu coração"* (Lc 2,19.51).

Mas na Igreja de então como na Igreja de sempre, Maria foi e é, sobretudo, aquela que é "feliz porque acreditou": *foi quem primeiro acreditou*. Desde o momento da Anunciação e da concepção e depois do nascimento na gruta de Belém, Maria acompanhou passo a passo Jesus, na sua materna peregrinação de fé. Acompanhou-o ao longo dos anos da sua vida oculta em Nazaré; acompanhou-o também durante o período da separação externa, quando ele começou a dedicar-se às "obras e ao ensino" (At 1,1) no seio de Israel; e acompanhou-o, sobretudo, na experiência trágica do Gólgota. E agora, enquanto Maria se encontrava com os apóstolos no Cenáculo de Jerusalém, nos albores da Igreja, recebia confirmação *a sua fé, nascida das palavras da Anunciação*. O anjo tinha-lhe dito então: "Conceberás e darás à luz um filho, ao qual porás o nome de Jesus. Ele será grande [...] e reinará eternamente sobre a casa de Jacó e o seu reinado não terá fim" (Lc 1,32-33). Os acontecimentos do Calvário, havia pouco ainda, tinham envolvido em trevas essa promessa; e contudo, mesmo aos pés da cruz, não tinha desfalecido a fé de Maria. Ela, ainda ali, permanecia aquela que, como Abraão, "acreditou, esperando contra toda esperança" (Rm 4,18). E assim, depois da ressurreição, a esperança tinha desvelado o seu verdadeiro rosto, e *a promessa tinha começado a transformar-se em realidade*. Com efeito, Jesus, antes de voltar para o Pai, dissera aos apóstolos: "Ide e ensinai todas as gentes [...]. Eis que eu estou convosco, todos os dias, até o fim do mundo" (cf. 28,19-20). Dissera assim aquele que, com a sua Ressurreição, se tinha revelado como o triunfador da morte, como o detentor de um reinado "que não terá fim", conforme o anjo tinha anunciado.

27. Agora, nos albores da Igreja, no princípio da sua longa caminhada mediante a fé, que se iniciava em Jerusalém com o Pentecostes, Maria estava com todos aqueles que então constituíam o germe do "novo Israel". Estava presente no meio deles como uma testemunha excepcional do mistério de Cristo. E a Igreja era assídua na oração juntamente com ela e, ao mesmo tempo, *"contemplava-a à luz do Verbo feito homem"*. E assim viria a ser sempre. Com efeito, sempre que a Igreja "penetra mais profundamente no insondável

mistério da Encarnação", ela pensa na mãe de Cristo com entranhada veneração e piedade.[12] Maria faz parte indissoluvelmente do mistério de Cristo; e faz parte também do mistério da Igreja desde o princípio, desde o dia do seu nascimento. Na base daquilo que a Igreja é desde o início, daquilo que ela deve tornar-se continuamente, de geração em geração, no seio de todas as nações da Terra, encontra-se "aquela que acreditou no cumprimento das coisas que lhe foram ditas da parte do Senhor" (Lc 1,45). Essa fé de Maria, precisamente, que assinala o início da nova e eterna Aliança de Deus com a humanidade em Jesus Cristo, essa sua *fé heróica "precede" o testemunho* apostólico da Igreja e permanece no coração da mesma Igreja, escondida como uma herança especial da revelação de Deus. Todos aqueles que, de geração em geração, aceitando o testemunho apostólico da Igreja, começam a participar dessa herança misteriosa, *participam, em certo sentido, da fé de Maria.*

As palavras de Isabel "feliz daquela que acreditou" continuam a acompanhar a Virgem Maria também no Pentecostes; seguem-na de época para época, para onde quer que se estenda, através do testemunho apostólico e do serviço da Igreja, o conhecimento do mistério salvífico de Cristo. E assim se cumpre a profecia do *Magnificat: "Hão de me chamar bem-aventurada*

---

[12] Cf. idem, ibidem, 65.

todas as gerações, porque fez em mim grandes coisas o Todo-Poderoso. É santo o seu nome" (Lc 1,48-49). Ao conhecimento do mistério de Cristo segue-se, efetivamente, a bênção de sua Mãe, sob a forma de especial veneração para com a *Theotókos*. E nessa veneração estão incluídas sempre as palavras abençoadoras da sua fé. Com efeito, a Virgem de Nazaré, segundo as palavras de Isabel na altura da Visitação, tornou-se ditosa sobretudo mediante essa sua fé. Aqueles que, de geração em geração, no seio de diversos povos e nações, acolhem com fé o mistério de Cristo, Verbo Encarnado e Redentor do mundo, não só se voltam com veneração e recorrem confiadamente a Maria como a sua Mãe, mas *na sua fé procuram também o apoio para a própria fé*. E precisamente essa participação viva na fé de Maria decide sua presença especial na peregrinação da Igreja, como novo Povo de Deus espalhado por toda a Terra.

28. Como diz o Concílio, "Maria [...], pela sua participação íntima na história da salvação [...], quando é exaltada e honrada, atrai os fiéis ao seu Filho e ao sacrifício dele, bem como ao amor do Pai".[13] Por isso, a fé de Maria, atendo-nos ao testemunho apostólico da Igreja, torna-se, de alguma maneira, incessantemente a fé do Povo de Deus que está a caminho: a fé das pessoas e das comunidades, dos encontros e das assembléias

---

[13] Idem, ibidem, 65.

e, enfim, dos diversos grupos que existem na Igreja. Trata-se de uma fé que se transmite mediante o conhecimento e o coração ao mesmo tempo; de uma fé que se adquire ou readquire continuamente mediante a oração. É por isso que, "também na sua ação apostólica, a Igreja *olha com razão para aquela que gerou Cristo*, o qual foi concebido por obra do Espírito Santo e nasceu da Virgem precisamente *para nascer e crescer também no coração dos fiéis*, por meio da Igreja".[14]

Hoje, quando nesta peregrinação de fé já nos aproximamos do final do segundo milênio cristão, a Igreja, por intermédio do magistério do Concílio Vaticano II, chama a atenção para aquilo que ela reconhece ser, em si mesma: um "só Povo de Deus [...] que se encontra radicado em todas as nações do mundo"; e, igualmente, para a verdade segundo a qual todos os fiéis, embora "espalhados pelo mundo, comunicam-se com os restantes por meio do Espírito Santo",[15] de sorte que se pode dizer que nessa união se realiza continuamente o mistério do Pentecostes. Ao mesmo tempo, os apóstolos e os discípulos do Senhor, em todas as nações da Terra, "entregam-se assiduamente à oração, *em companhia de Maria, a mãe de Jesus"* (cf. At 1,14). Constituindo de geração em geração o "sinal do Reino"

---

[14] Idem, ibidem, 65.
[15] Cf. idem, ibidem, 13.

que "não é deste mundo",[16] eles estão cônscios de que no meio deste mundo *devem congregar-se em torno daquele Rei* ao qual foram dadas em posse as nações, para seu domínio (cf. Sl 2,8), e ao qual Deus e Senhor deu "o trono de Davi, seu pai", de modo que ele "reinará eternamente na casa de Jacó e o seu reinado não terá fim" (cf. Lc 1,33).

Nesse tempo de vigília, Maria, mediante a mesma fé que a tornou feliz, especialmente a partir do momento da Anunciação, *está presente* na missão da Igreja, *presente na obra da Igreja que introduz* no mundo *do Reino do seu Filho.*[17] Essa presença de Maria, nos dias de hoje, como aliás ao longo de toda a história da Igreja, encontra múltiplos meios de expressão. Possui também um multiforme raio de ação: mediante a fé e a piedade dos fiéis; mediante as tradições das famílias cristãs ou "Igrejas domésticas", das comunidades paroquiais e missionárias, dos institutos religiosos e das dioceses; e mediante o poder de atração e irradiação dos grandes santuários, onde não apenas as pessoas individualmente ou grupos locais, mas por vezes inteiras nações e continentes procuram o encontro com a Mãe do Senhor, com aquela que é feliz porque acreditou, que é a primeira entre aqueles que acreditaram e por isso se tornou a Mãe do Emanuel. Na mesma linha se

---

[16] Cf. idem, ibidem, 13.
[17] Cf. idem, ibidem, 13.

enquadra o apelo da terra da Palestina, pátria espiritual de todos os cristãos, porque foi a pátria do Salvador do mundo e da sua Mãe; de igual modo, o apelo dos numerosos templos que a fé cristã ergueu no decorrer dos séculos em Roma e no mundo inteiro; e, ainda, o apelo de centros como Guadalupe, Lourdes, Fátima e outros espalhados pelos diversos países, entre os quais, como poderia eu deixar de recordar o da minha terra natal, Jasna Góra? Talvez se pudesse falar de uma "geografia" específica da fé e da piedade marianas, a qual abrange todos esses lugares de particular peregrinação do Povo de Deus; este busca o encontro com a Mãe de Cristo, procurando achar no clima de especial irradiação da presença materna "daquela que acreditou" a consolidação da própria fé.

Com efeito, *na fé de Maria*, já quando da Anunciação e de forma completa aos pés da cruz, reabriu-se para o homem um certo *espaço interior*, no qual o eterno Pai pode cumular-nos com "toda sorte de bênçãos espirituais": o espaço da "nova e eterna Aliança".[18] Este espaço subsiste na Igreja, que, em Cristo, é como que "um sacramento da íntima comunhão com Deus e da unidade de todo o gênero humano".[19]

---

[18] Cf. *Missal Romano*, Fórmula de Consagração do cálice nas Orações Eucarísticas.

[19] Conc. Ecum. Vaticano II, Const. dogm. sobre a Igreja *Lumen gentium*, 1.

É pela fé, pois, aquela fé que Maria professou na Anunciação "como serva do Senhor" e com a qual constantemente "precede" o Povo de Deus que está a caminho sobre a Terra, que a Igreja *"tende eficaz e constantemente à recapitulação de toda a humanidade [...] sob a cabeça, Cristo,* na unidade do seu Espírito".[20]

2. A caminhada da Igreja e a unidade de todos os cristãos

29. "O Espírito suscita em todos os discípulos de Cristo o desejo e a ação *em vista de que todos*, segundo o modo estabelecido por Cristo, se *unam* pacificamente num só rebanho e *sob um só pastor.*"[21] A caminhada da Igreja, especialmente na nossa época, está marcada pelo sinal do ecumenismo: os cristãos procuram as vias para reconstituir aquela unidade que Cristo invocava do Pai para os seus discípulos nas vésperas da sua paixão: *"para que todos sejam uma coisa só.* Assim como tu, ó Pai, estás em mim e eu em ti, também eles sejam um em nós, a fim de que o mundo *creia* que tu me enviaste" (Jo 17,21). A unidade dos discípulos de Cristo, portanto, é um sinal influente para suscitar a fé do mundo; ao passo que a sua divisão constitui um escândalo.[22]

---

[20] Idem, ibidem, 13.

[21] Idem, ibidem, 15

[22] Cf. CONC. ECUM. VATICANO II, Decr. sobre o Ecumenismo *Unitatis redintegratio*, 1.

O movimento ecumênico, com base numa consciência mais lúcida e difundida da urgência de chegar à unidade de todos os cristãos, teve a sua expressão culminante, por parte da Igreja Católica, na obra do Concílio Vaticano II: é preciso que os mesmos cristãos aprofundem em si próprios e em cada uma das suas comunidades aquela "obediência de fé" de que Maria Santíssima é o primeiro e o mais luminoso exemplo. E uma vez que ela "brilha agora diante do Povo de Deus ainda peregrinante como sinal de esperança segura e de consolação", "é motivo de uma grande alegria e de consolação para o sagrado Concílio o fato de não faltar *entre irmãos desunidos* quem tribute à Mãe do Senhor e Salvador a devida honra, sobretudo entre os orientais".[23]

30. Os cristãos sabem que a unidade entre eles só poderá ser reencontrada verdadeiramente se estiver fundada sobre a unidade da sua fé. Eles devem resolver discordâncias não leves de doutrina quanto ao mistério e ao ministério da Igreja e quanto à função de Maria na obra da salvação.[24] Os diálogos já entabulados pela Igreja Católica com as Igrejas orientais e com

---

[23] Const. dogm. sobre a Igreja *Lumen gentium*, 68, 69. Sobre o papel de Maria Santíssima na promoção da unidade dos cristãos e sobre o culto de Maria no Oriente, cf. LEÃO XIII, Enc. *Adiutricem Populi* (5 de setembro de 1895): *Acta Leonis*, XV, 300-312.

[24] Cf. CONC. ECUM. VATICANO II. Decr. sobre o Ecumenismo *Unitatis redintegratio*, 20.

as Igrejas e comunidades eclesiais do Ocidente[25] vão convergindo, cada vez mais, para esses *dois aspectos inseparáveis* do próprio mistério da salvação. Se o mistério do Verbo Encarnado nos faz vislumbrar o mistério da maternidade divina e se a contemplação da Mãe de Deus, por sua vez, nos introduz numa compreensão mais profunda do mistério da Encarnação, o mesmo se deve dizer do mistério da Igreja e da função de Maria na obra da salvação. Ao aprofundar um e outro e ao tentar esclarecer um por meio do outro, os cristãos, desejosos de fazer — como lhes recomenda a sua Mãe — o que Jesus lhes disser (cf. Jo 2,5), poderão progredir juntos naquela "peregrinação de fé" de que Maria é sempre o exemplo e que deve conduzi-los à unidade, querida pelo seu único Senhor e tão desejada por aqueles que estão prontos a ouvir atentamente o que o Espírito diz hoje às Igrejas (cf. *Ap* 2,7.11.17).

Entretanto, é um bom presságio que essas Igrejas e comunidades eclesiais estejam concordes em pontos fundamentais da fé cristã, também pelo que diz respeito à Virgem Maria. Elas, de fato, reconhecem-na como Mãe do Senhor e acham que isso faz parte da nossa fé em Cristo, verdadeiro Deus e verdadeiro homem. Ademais, volvem para ela o olhar, aceitando ser aquela que, aos pés da cruz, acolhe o discípulo amado como seu filho, o qual, por sua vez, a recebe como mãe.

---

[25] Cf. idem, ibidem, 19.

Por que, então, não olhar todos conjuntamente para a *nossa Mãe comum*, que intercede pela unidade da família de Deus e que a todos "precede", à frente do longo cortejo das testemunhas da fé no único Senhor, o Filho de Deus, concebido no seu seio virginal por obra do Espírito Santo?

31. Desejo realçar, por outro lado, quanto a Igreja Católica, a Igreja Ortodoxa e as antigas Igrejas orientais se sentem profundamente unidas no amor e louvor à *Theotókos*. Não só "os dogmas fundamentais da fé cristã acerca da Trindade e do Verbo de Deus, que assumiu a carne da Virgem Maria, foram definidos nos Concílios ecumênicos celebrados no Oriente",[26] mas também no seu culto litúrgico "os orientais exaltam com hinos esplêndidos Maria sempre Virgem [...] e Santíssima Mãe de Deus".[27]

Os irmãos dessa Igreja passaram por vicissitudes complexas; mas a sua história foi sempre animada por um vivo desejo de empenho cristão e de irradiação apostólica, embora muitas vezes marcada por perseguições, mesmo cruentas. É uma história de fidelidade ao Senhor, uma autêntica "peregrinação da fé" através dos lugares e dos tempos, nos quais os cristãos orientais sempre se voltaram com ilimitada confiança para a Mãe do Senhor, a celebraram com louvores e a invocaram

---

[26] Idem, ibidem, 14.
[27] Idem, ibidem, 15.

constantemente com orações. Nos momentos difíceis da sua existência cristã atribulada, "eles refugiaram-se sob a sua proteção",[28] conscientes de encontrarem nela um poderoso auxílio. As Igrejas que professam a doutrina de Éfeso proclamam a Virgem Maria "verdadeira Mãe de Deus"; por isso mesmo que "Nosso Senhor Jesus Cristo, nascido do Pai antes de todos os séculos segundo a divindade, nos últimos tempos, por nós e para nossa salvação, foi gerado pela Virgem Maria, Mãe de Deus segundo a humanidade".[29] Os padres gregos e a tradição bizantina, contemplando a Virgem Santíssima à luz do Verbo feito homem, procuraram penetrar na profundidade daquele vínculo que une Maria, enquanto Mãe de Deus, a Cristo e à Igreja: ela é uma presença permanente em toda a amplidão do mistério salvífico.

As tradições coptas e etíopes foram introduzidas nessa contemplação do mistério de Maria por são Cirilo de Alexandria; e, por sua vez, celebraram-na com uma abundante florescência poética.[30] O gênio poético de

---

[28] CONC. ECUM. VATICANO II, Const. dogm. sobre a Igreja *Lumen gentium*, 66.

[29] CONC. ECUM. DE CALCEDÔNIA, *Definitio fidei*: *Conciliorum Oecumenicorum Decreta*, Bologna, 1973³, 86 (*DS* 301).

[30] Cf. o *Weddâsê Mâryâm* (Louvores de Maria), que está em continuação com o saltério etíope e contém hinos e orações a Maria Santíssima para cada dia da semana. Cf. também o *Matshafa Kidâna Mehrat* (Livro do Pacto de Misericórdia); é para realçar a importância atribuída a Maria na hinologia e na liturgia etíopes.

santo Efrém, o Sírio, denominado "a cítara do Espírito Santo", cantou infatigavelmente a Virgem Maria, deixando um rasto ainda visível em toda a tradição da Igreja siríaca.[31] No seu panegírico da *Theotókos*, são Gregório de Narek, uma das mais fúlgidas glórias da Armênia, com vigoroso estro poético, aprofundou os diversos aspectos do mistério da Encarnação; e cada um desses aspectos é para ele ocasião de cantar e exaltar a dignidade extraordinária e a beleza esplendorosa da Virgem Maria, Mãe do Verbo Encarnado.[32]

Não é para admirar, pois, que Maria tenha um lugar privilegiado no culto das antigas Igrejas orientais, com uma abundância admirável de festas e de hinos.

32. Na liturgia bizantina, em todas as horas do Ofício Divino, o louvor da Mãe anda unido ao louvor do Filho e ao louvor que, por meio do Filho, se eleva ao Pai no Espírito Santo. Na anáfora ou oração eucarística de são João Crisóstomo, imediatamente depois da epiclese, a comunidade reunida canta desta forma à Mãe de Deus: "É verdadeiramente justo proclamar-vos bem-aventurada, ó Deípara, que sois felicíssima, toda pura e Mãe do nosso Deus. Nós vos magnificamos: a vós, que sois mais digna de honra do que os querubins e incomparavelmente mais gloriosa do que os serafins!

---

[31] Cf. S. Efrém, *Himn. De Nativitate*: *Scriptores Syri*, 82, *CSCO*, 186.
[32] S. Gregório de Narek, *Le livre de prières*: *S. Ch.* 78, 160-163; 428-432.

A vós que, sem perder a vossa virgindade, destes ao mundo o Verbo de Deus! A vós, que sois verdadeiramente a Mãe de Deus"!

Semelhantes louvores, que em cada celebração da liturgia eucarística se elevam a Maria Santíssima, forjaram a fé, a piedade e a oração dos fiéis. No decorrer dos séculos tais louvores impregnaram todas as expressões da sua espiritualidade, suscitando neles uma devoção profunda para com a "Santíssima Mãe de Deus".

33. Este ano ocorre o XII centenário do segundo Concílio Ecumênico de Nicéia (a. 787), no qual, para resolução da conhecida controvérsia acerca do culto das imagens sagradas, foi definido que, segundo o ensino dos Santos Padres e segundo a Tradição universal da Igreja, se podiam propor à veneração dos fiéis, conjuntamente com a cruz, as imagens da Mãe de Deus, dos anjos e dos santos, tanto nas Igrejas como nas casas ou ao longo dos caminhos.[33] Esse costume foi conservado em todo o Oriente e também no Ocidente: as imagens da Virgem Maria têm um lugar de honra nas igrejas e nas casas. Maria é representada: ou como trono de Deus, que sustenta o Senhor e o doa aos homens (*Theotókos*); ou como caminho que leva a Cristo e o mostra (*Odigitria*); ou como orante, em atitude de intercessão

---

[33] CONC. ECUM. DE NICÉIA: *Conciliorum Oecumenicorum Decreta*, Bologna, 1973³, 135-138 (*DS* 600-609).

e sinal da presença divina nos caminhos dos fiéis, até o dia do Senhor (*Deisis*); ou como protetora, que estende o seu manto sobre os povos (*Pokrov*); ou, enfim, como Virgem misericordiosa e cheia de ternura (*Eleousa*). Ela é representada, habitualmente, com o seu Filho, o Menino Jesus, que tem nos braços: é a relação com o Filho que glorifica a Mãe. Algumas vezes, ela abraça-o com ternura (*Glykofilousa*); outras vezes, está hierática e parece absorvida na contemplação daquele que é o Senhor da história (cf. Ap 5,9-14).[34]

Convém também recordar o ícone de Nossa Senhora de Vladimir, que constantemente acompanhou a peregrinação de fé dos povos da antiga "Rus'". Aproxima-se o primeiro milênio da conversão ao cristianismo daquelas pobres terras: terras de gente humilde, de pensadores e de santos. Os ícones são venerados ainda hoje na Ucrânia, na Bielo-Rússia (ou Rússia Branca) e na Rússia, sob diversos títulos: são imagens que atestam a fé e o espírito de oração daquele povo bondoso, que adverte a presença e a proteção da Mãe de Deus. Nesses ícones, a Virgem Maria resplandece como reflexo da beleza divina, morada da eterna sabedoria, figura da orante, protótipo da contemplação e imagem da glória: tenta-se representar aquela que, desde o início da sua vida terrena, possuindo a ciência

---

[34] Cf. Conc. Ecum. Vaticano II, Const. dogm. sobre a Igreja *Lumen gentium*, 59.

espiritual inacessível aos raciocínios humanos, com a fé alcançou o conhecimento mais sublime. Recordo, ainda, o ícone da Virgem do Cenáculo, em oração com os apóstolos, aguardando a vinda do Espírito: não poderia ela tornar-se sinal de esperança para todos aqueles que, no diálogo fraterno, querem aprofundar a própria obediência da fé?

34. Tamanha riqueza de louvores, acumulada pelas diversas formas da grande Tradição da Igreja, poderia ajudar-nos a fazer com que a mesma Igreja torne a respirar plenamente "com os seus dois pulmões": o Oriente e o Ocidente. Como já afirmei, por mais de uma vez, isso é necessário mais do que nunca, nos dias de hoje. Seria um valioso auxílio para fazer progredir o diálogo em vias de atuação entre a Igreja Católica e as Igrejas e as comunidades eclesiais do Ocidente.[35] E seria também a via para a Igreja que está a caminho poder cantar e viver de modo mais perfeito o seu *Magnificat*.

3. O *Magnificat* da Igreja que está a caminho

35. Na fase atual da sua caminhada, a Igreja procura, pois, reencontrar a união de todos os que

---

[35] Cf. CONC. ECUM. VATICANO II, Decr. sobre o Ecumenismo *Unitatis redintegratio*, 19.

professam a própria fé em Cristo, para manifestar a obediência ao seu Senhor que orou por essa unidade, antes do seu iminente sacrifício. Ela vai avançando na "sua peregrinação [...] e anunciando a paixão e morte do Senhor até que ele venha".[36] "Prosseguindo entre as tentações e tribulações da caminhada, *a Igreja é apoiada pela força da graça de Deus, que lhe foi prometida pelo Senhor*, para que não se afaste da perfeita fidelidade por causa da fraqueza humana, mas permaneça digna esposa do seu Senhor e, com o auxílio do Espírito Santo, não cesse de se renovar a si própria até que, pela cruz, chegue à luz que não conhece acaso".[37]

A Virgem Maria está constantemente presente nessa caminhada de fé do Povo de Deus em direção à luz. Demonstra-o de modo especial *o cântico do "Magnificat", que, tendo jorrado da profundidade da fé de Maria* na Visitação, não cessa de vibrar no coração da Igreja ao longo dos séculos. Prova-o a sua recitação quotidiana na liturgia das Vésperas e em muitos outros momentos de devoção, quer pessoal, quer comunitária.

> A minha alma engrandece o Senhor,
> e exulta meu espírito em Deus, meu Salvador,
> porque olhou para a humildade de sua serva.

---

[36] Conc. Ecum. Vaticano II, Const. dogm. sobre a Igreja *Lumen gentium*, 8.
[37] Idem, ibidem, 9.

Doravante as gerações hão de chamar-me de bendita.
O Poderoso fez em mim maravilhas
e santo é o seu nome!
Seu amor para sempre se estende
sobre aqueles que o temem;
manifesta o poder de seu braço,
dispersa os soberbos;
derruba os poderosos de seus tronos
e eleva os humildes;
sacia de bens os famintos,
despede os ricos sem nada.
Acolhe Israel, seu servidor,
fiel ao seu amor,
como havia prometido a nossos pais,
em favor de Abraão e de seus filhos para sempre
(Lc 1,46-55).

36. Quando Isabel saudou a jovem parente, que acabava de chegar de Nazaré, *Maria respondeu com o Magnificat*. Na sua saudação, Isabel tinha chamado Maria: primeiro, de "bendita" por causa do "fruto do seu ventre"; e depois, de "feliz" (bem-aventurada) por causa da sua fé (cf. Lc 1,42.45). Essas duas palavras abençoantes referiam-se diretamente ao momento da Anunciação. Agora, na Visitação, quando Isabel, na sua saudação, dá um testemunho daquele momento culminante, a fé de Maria enriquece-se de uma nova consciência e de uma nova expressão. Aquilo que no momento da Anunciação permanecia escondido na profundidade da "obediência da fé" dir-se-ia que agora

daí irrompe, como uma chama clara e vivificante do espírito. As palavras usadas por Maria, no limiar da casa de Isabel, constituem *uma profissão inspirada dessa sua fé*, na qual *se exprime a resposta à palavra da revelação*, com a elevação religiosa e poética de todo o seu ser no sentido de Deus. Nessas palavras sublimes, que são ao mesmo tempo muito simples e totalmente inspiradas nos textos sagrados do povo de Israel,[38] transparece a experiência pessoal de Maria, o êxtase do seu coração. Resplandece nelas um clarão do mistério de Deus, a glória da sua inefável santidade, *o amor eterno que, como um dom irrevogável, entra na história do homem*.

Maria é a primeira a participar dessa nova revelação de Deus e, mediante ela, dessa nova "autodoação" de Deus. Por isso proclama: "Grandes coisas fez em mim [...] e santo é o seu nome". As suas palavras refletem a alegria do espírito, difícil de exprimir: "O meu espírito exulta em Deus, meu Salvador". Porque "a verdade profunda, tanto a respeito de Deus como a respeito da salvação dos homens, manifesta-se-nos [...] em Cristo, que é, simultaneamente, o mediador e a plenitude de toda a revelação".[39] No arroubo do seu

---

[38] Como se sabe, as palavras do *Magnificat* contêm ou fazem referência a diversas passagens do Antigo Testamento.

[39] Cf. Conc. Ecum. Vaticano II, Const. dogm. sobre a Revelação Divina *Dei Verbum*, 2.

coração, Maria confessa ter-se encontrado *no próprio âmago dessa plenitude* de Cristo. Está consciente de que em si está se cumprindo a promessa feita aos pais e, em primeiro lugar, em favor de "Abraão e da sua descendência para sempre": que em si, portanto, como mãe de Cristo, converge *toda a economia salvífica*, na qual "de geração em geração" se manifesta aquele que, como Deus da Aliança, "se recorda da sua misericórdia".

37. A Igreja, que desde o início modela a sua caminhada terrena pela caminhada da Mãe de Deus, repete constantemente, em continuidade com ela, as palavras do *Magnificat*. Nas profundidades da fé da Virgem Maria na Anunciação e na Visitação, a Igreja vai haurir a verdade acerca do Deus da Aliança; acerca de Deus que é Todo-Poderoso e faz "grandes coisas" no homem: "Santo é o seu nome". No *Magnificat*, ela vê debelado nas suas raízes o pecado do princípio da história terrena do homem e da mulher: o pecado da incredulidade e da "pouca fé" em Deus. Contra a "suspeita" que o "pai da mentira" fez nascer no coração de Eva, a primeira mulher, Maria, a quem a Tradição costuma chamar "nova Eva"[40] e verdadeira "mãe dos vivos",[41] proclama com vigor a *não ofuscada* verdade

---

[40] Cf. por exemplo S. Justino, *Dialogus cum Tryphone Iudaeo*, 100; *Otto II*, 358; S. Irineu, *Adversus Haereses*, III, 22, 4: *S. Ch.* 211, 439-445; Tertuliano, *De carne Christi*, 17, 4-6: *CCL* 2, 904-905.

[41] Cf. S. Epifânio, *Panarion*, III, 2, *Haer.* 78, 18: *PG* 42, 727-730.

acerca de Deus: o Deus santo e onipotente, que desde o princípio é a *fonte de todas as dádivas*, aquele que "fez grandes coisas" nela, Maria, assim como em todo o universo. Deus, ao criar, dá a existência a todas as realidades; e ao criar o homem, dá-lhe a dignidade da imagem e da semelhança consigo, de modo singular em relação a todas as demais criaturas terrestres. E não se detendo na sua vontade de doação, não obstante o pecado do homem, *Deus dá-se no Filho*: "Amou tanto o mundo que lhe deu o seu Filho unigênito" (Jo 3,16). Maria é a primeira testemunha dessa verdade maravilhosa, que se atuará plenamente mediante "as obras e os ensinamentos" (cf. At 1,1) do seu Filho e, definitivamente, mediante a cruz e Ressurreição.

A Igreja, que, embora entre "tentações e tribulações", não cessa de repetir com Maria as palavras do *Magnificat*, "escora-se" na força da verdade sobre Deus, proclamada então com tão extraordinária simplicidade; e, ao mesmo tempo, *deseja iluminar com essa mesma verdade acerca de Deus* os difíceis e por vezes intrincados caminhos da existência terrena dos homens. A caminhada da Igreja, portanto, já quase no final do segundo milênio cristão, implica um empenho renovado na própria missão. Segundo aquele que disse de si: "(Deus) mandou-me anunciar *aos pobres a Boa Nova*" (Lc 4,18), a Igreja tem procurado, de geração em geração, e procura ainda hoje cumprir essa mesma missão.

O seu *amor preferencial pelos pobres* acha-se admiravelmente inscrito no *Magnificat* de Maria. O Deus da Aliança, cantado pela Virgem de Nazaré, com exultação do seu espírito, é ao mesmo tempo aquele que "derruba os poderosos dos tronos e exalta os humildes [...], enche de bens os famintos e despede os ricos de mãos vazias [...], dispersa os soberbos [...] e conserva a sua misericórdia para com aqueles que o temem".

Maria está profundamente impregnada do espírito dos "pobres de Javé" que, segundo a oração dos Salmos, esperavam de Deus a própria salvação, pondo nele toda a sua confiança (cf. Sl 25; 31; 35; 55). Ela, na verdade, proclama o advento do mistério da salvação, a vinda do "Messias dos pobres" (cf. Is 11,4; 61,1). Haurindo certeza do coração de Maria, da profundidade da sua fé, expressa nas palavras do *Magnificat*, a Igreja renova em si, sempre para melhor, essa própria certeza de que *não se pode separar a verdade a respeito de Deus que salva*, de Deus que é fonte de toda a dádiva, *da manifestação do seu amor preferencial pelos pobres e pelos humildes*, amor que, depois de cantado no *Magnificat*, se encontra expresso nas palavras e nas obras de Jesus.

A Igreja, portanto, está bem cônscia — e em nossa época essa sua certeza reforça-se de modo particular — não só de que não podem ser separados esses dois elementos da mensagem contida no *Magnificat*, mas também de que deve outrossim ser salvaguardada cuidadosamente a importância que têm os "pobres" e a "opção em favor dos pobres" na palavra de Deus vivo. Trata-se de temas e problemas organicamente conexos com o *sentido cristão da liberdade e da libertação*. Maria, "totalmente dependente de Deus e toda ela orientada para ele, ao lado do seu Filho, é o *ícone mais perfeito da liberdade e da libertação* da humanidade e do cosmos. É para Maria que a Igreja, da qual ela é Mãe e modelo, deve olhar, a fim de compreender na sua integralidade o sentido da própria missão".[42]

---

[42] Cf. CONGREGAÇÃO PARA A DOUTRINA DA FÉ, *Instrução sobre a liberdade cristã e a libertação* (22 de março de 1986), 97.

III Parte
MEDIAÇÃO MATERNA

1. Maria, serva do Senhor

38. A Igreja sabe e ensina, com são Paulo, que *um só é o nosso mediador*: "Não há senão um só Deus e um só é também o mediador entre Deus e os homens, o homem Cristo Jesus, que se entregou a si mesmo como resgate por todos" (1Tm 2,5-6). "A função maternal de Maria para com os homens de modo nenhum obscurece ou diminui essa única mediação de Cristo; mas até manifesta qual a sua eficácia":[1] é uma mediação em Cristo.

A Igreja sabe e ensina que "todo o *influxo salutar da Santíssima Virgem* em favor dos homens se deve ao beneplácito divino e [...] dimana *da superabundância dos méritos de Cristo*, funda-se na sua mediação, dela depende absolutamente, haurindo aí toda a sua eficácia; de modo que não impede o contato imediato dos fiéis com Cristo, antes o facilita".[2] Esse influxo

---

[1] Conc. Ecum. Vaticano II, Const. dogm. sobre a Igreja *Lumen gentium*, 60.
[2] Idem, ibidem, 60.

salutar é apoiado pelo Espírito Santo, que, assim como estendeu a sua sombra sobre a Virgem Maria, dando na sua pessoa início à maternidade divina, assim também continuamente sustenta a sua solicitude para com os irmãos do seu Filho.

Efetivamente, a mediação de Maria está *intimamente ligada à sua maternidade* e possui um caráter especificamente maternal, que a distingue da mediação das outras criaturas que, de diferentes modos e sempre subordinados, participam da única mediação de Cristo; também a mediação de Maria permanece subordinada.[3] Se, na realidade, "nenhuma criatura pode jamais colocar-se no mesmo plano que o Verbo Encarnado e Redentor", também é verdade que "a mediação única do Redentor não exclui, antes suscita, nas criaturas *uma cooperação multiforme, participada* duma única fonte"; e assim, "a bondade de Deus, única, difunde-se realmente, de diferentes modos, nas criaturas".[4]

O ensino do Concílio Vaticano II apresenta a verdade da mediação de Maria como *"participação nesta única fonte, que é a mediação do próprio Cristo"*. Com efeito, lemos: "A Igreja não hesita em reconhecer

---

[3] Cf. a fórmula: medianeira *ad Mediatorem* de S. Bernardo, *In Dominica infra oct. Assumptionis Sermo*, 2: *S. Bernardi Opera*, V, 1968, 263. Maria, como um espelho límpido, reenvia para o Filho toda a glória e honra que recebe: idem, *In Nativitate B. Mariae Sermo — De aquaeductu*, 12: ed. cit., 283.

[4] Conc. Ecum. Vaticano II, Const. dogm. sobre a Igreja *Lumen gentium*, 62.

abertamente essa função assim, subordinada; sente-a continuamente e recomenda-a ao amor dos fiéis, para que, apoiados nessa ajuda materna, eles estejam mais intimamente unidos ao Mediador e Salvador".[5] Tal função é, ao mesmo tempo, *especial e extraordinária*. Ela promana da sua maternidade divina e pode ser compreendida e vivida na fé somente se nos basearmos na plena verdade dessa maternidade. Sendo Maria, em virtude da eleição divina, a Mãe do Filho consubstancial ao Pai e "cooperadora generosa" na obra da Redenção, ela tornou-se para nós "mãe na ordem da graça".[6] Essa função constitui uma dimensão real da sua presença no mistério salvífico de Cristo e da Igreja.

39. Sob esse ponto de vista, temos necessidade de voltar, mais uma vez, à consideração do acontecimento fundamental na economia da salvação, ou seja, a Encarnação do Verbo de Deus, no momento da Anunciação. É significativo que Maria, reconhecendo nas palavras do mensageiro divino a vontade do Altíssimo e submetendo-se ao seu poder, diga: *"Eis a Serva do Senhor! Faça-se em mim segundo a tua palavra"* (Lc 1,38). O primeiro momento da submissão à única mediação "entre Deus e os homens" — a mediação de Jesus Cristo — é a aceitação da maternidade por parte

---

[5] Idem, ibidem, 62.
[6] Idem, ibidem, 61.

da Virgem de Nazaré. Maria consente na escolha divina para se tornar, por obra do Espírito Santo, a Mãe do Filho de Deus. Pode-se dizer que esse *consentimento que ela dá à maternidade é fruto sobretudo da doação total a Deus na virgindade*. Maria aceitou a eleição para ser mãe no Filho de Deus, guiada pelo amor esponsal, o amor que "consagra" totalmente a Deus uma pessoa humana. Em virtude desse amor, Maria desejava estar sempre e em tudo "doada a Deus", vivendo na virgindade. As palavras: "Eis a serva do Senhor!" comprovam o fato de ela desde o princípio ter aceitado e entendido a própria maternidade como *dom total de si*, da sua pessoa, ao serviço dos desígnios salvíficos do Altíssimo. E toda a participação materna na vida de Jesus Cristo, seu Filho, ela viveu-a até o fim de um modo correspondente à sua vocação para a virgindade.

A maternidade de Maria, profundamente impregnada da atitude esponsal de "serva do Senhor", constitui a dimensão primária e fundamental daquela sua mediação que a Igreja lhe reconhece, proclama[7] e continuamente "recomenda ao amor dos fiéis" porque confia muito nela. Com efeito, importa reconhecer que, primeiro do que quaisquer outros, o próprio Deus, o Pai eterno, *se confiou à Virgem de Nazaré*, dando-lhe o próprio Filho no mistério da Encarnação. Essa sua

---

[7] Idem, ibidem, 62.

eleição para a sublime tarefa e suprema dignidade de Mãe do Filho de Deus, no plano ontológico, tem relação com a própria realidade da união das duas naturezas na Pessoa do Verbo (*união hipostática*). Esse fato fundamental de ser Mãe do Filho de Deus é, desde o princípio, uma abertura total à pessoa de Cristo, a toda a sua obra e a toda a sua missão. As palavras: "Eis a Serva do Senhor!" testemunham essa abertura de espírito em Maria, que une em si, de maneira perfeita, o amor próprio da virgindade e o amor característico da maternidade, conjuntos e como que fundidos num só amor.

Por isso, Maria tornou-se não só a "mãe-nutriz" do Filho do homem mas também a "cooperadora generosa, de modo absolutamente singular",[8] do Messias e Redentor. Ela — como já foi dito — avançava na peregrinação da fé e, nessa sua *peregrinação* aos pés da cruz, foi-se realizando, ao mesmo tempo, com as suas ações e os seus sofrimentos, a sua *cooperação* materna e esponsal em toda a missão do Salvador. Ao longo do caminho de tal colaboração com a obra do Filho-Redentor, a própria maternidade de Maria veio a conhecer uma transformação singular, sendo cada vez mais cumulada de "caridade ardente" para com todos aqueles a quem se destinava a missão de Cristo. Me-

---

[8] Idem, ibidem, 61.

diante essa "caridade ardente", visando cooperar, em união com Cristo, na restauração "da vida sobrenatural nas almas",[9] Maria *entrava* de modo absolutamente pessoal *na única mediação* "entre Deus e os homens", *que é a mediação do homem Cristo Jesus*. Se ela mesma foi quem primeiro experimentou em si os efeitos sobrenaturais dessa mediação única — já quando da Anunciação ela tinha sido saudada como "cheia de graça" —, então tem de se dizer que, em virtude dessa plenitude da graça e de vida sobrenatural, ela estava particularmente predisposta para a "cooperação" com Cristo, único mediador da salvação humana. E *tal cooperação é precisamente essa mediação subordinada* à mediação de Cristo.

No caso de Maria trata-se de uma mediação especial e excepcional, fundada na sua "plenitude de graça", que se traduzia na total disponibilidade da "serva do Senhor". Em correspondência com essa disponibilidade interior da sua Mãe, *Jesus Cristo preparava-a* cada vez mais para ela se tornar para os homens "mãe na ordem da graça". Isso acha-se indicado, pelo menos de maneira indireta, em certos pormenores registrados pelos Sinóticos (cf. Lc 11,28; 8,20-21; Mc 3,32-35; Mt 12,47-50) e, mais ainda, pelo Evangelho de são João (cf. 2,1-12; 19,25-27), como já procurei pôr em evidência. A esse propósito, são particularmente eloqüentes

---

[9] Idem, ibidem, 61.

as palavras pronunciadas por Jesus do alto da cruz, referindo-se a Maria e a João.

40. Depois dos acontecimentos da Ressurreição e da Ascensão, Maria, entrando com os apóstolos no Cenáculo enquanto esperavam o Pentecostes, estava aí presente como Mãe do Senhor glorificado. Era não só aquela que "avançou na peregrinação da fé" e conservou fielmente a sua união com o Filho "até a cruz", *mas também a "serva do Senhor" deixada por seu Filho como mãe no seio da Igreja nascente:* "Eis a tua mãe". Assim começou a se estabelecer um vínculo especial entre essa Mãe e a Igreja. Com efeito, a Igreja nascente era fruto da cruz e da Ressurreição do seu Filho. Maria, que desde o princípio se tinha entregado sem reservas à pessoa e à obra do Filho, não podia deixar de derramar sobre a Igreja, desde os inícios, essa sua doação materna. Depois da "partida" do Filho a sua maternidade permanece na Igreja, como mediação materna: intercedendo por todos os seus filhos, a Mãe coopera na obra salvífica do Filho-Redentor do mundo. De fato, o Concílio ensina: "A maternidade de Maria na economia da graça *perdura sem interrupção* [...] até a consumação perpétua de todos os eleitos".[10] Com a morte redentora do seu Filho, a mediação materna da serva do Senhor revestiu-se de uma dimensão universal, porque a obra da Redenção abrange todos os ho-

---

[10] Idem, ibidem, 62.

mens. Assim se manifesta, de modo singular, a eficácia da única e universal mediação de Cristo "entre Deus e os homens". A cooperação de Maria *participa*, com o seu caráter subordinado, *na universalidade da mediação do Redentor*, único Mediador. Isso é claramente indicado pelo Concílio com as palavras acima citadas.

"De fato" — lemos ainda —, "depois de elevada ao céu, Maria não abandonou esse papel de salvação, mas com a sua múltipla intercessão continua a alcançar-nos os dons da salvação eterna."[11] Com esse caráter de "intercessão", que se manifestou pela primeira vez em Caná da Galiléia, a mediação de Maria continua na história da Igreja e do mundo. Lemos que Maria, "com a sua caridade materna, cuida dos irmãos do seu Filho, que ainda peregrinam e se debatem entre perigos e angústias, até que sejam conduzidos à pátria bem-aventurada".[12] Desse modo, a maternidade de Maria perdura incessantemente na Igreja, como mediação que intercede; e a Igreja exprime a sua fé nessa verdade invocando-a sob os títulos de Advogada, Auxiliadora, (Perpétuo) Socorro e Medianeira.[13]

---

[11] Idem, ibidem, 62.

[12] Idem, ibidem, 62; também na sua oração a Igreja reconhece e celebra a "função maternal" de Maria Santíssima: função "de intercessão e de perdão, de impetração e de graça, de reconciliação e de paz" (cf. Prefácio da Missa da Bem-Aventurada Virgem Maria, Mãe e Medianeira de Graça, em *Collectio Missarum de Beata Maria Virgine*, ed. typ. 1987, I, 120).

[13] Idem, ibidem, 62.

41. Pela sua mediação, subordinada à mediação do Redentor, Maria contribui *de maneira especial para a união da Igreja* peregrina na terra com a *realidade* escatológica e celeste da comunhão dos santos, tendo já sido "elevada ao céu".[14] A verdade da Assunção, definida por Pio XII, é reafirmada pelo Vaticano II, que exprime a fé da Igreja nestes termos: "Finalmente, a Virgem Imaculada, preservada imune de toda a mancha da culpa original, terminado o curso da sua vida terrena, *foi assumida à glória celeste em corpo e alma e exaltada* pelo Senhor *como Rainha do universo*, para que se conformasse mais plenamente com o seu Filho, Senhor dos senhores (cf. Ap 19,16) e vencedor do pecado e da morte".[15] Com essa doutrina, Pio XII situava-se na continuidade da Tradição, que ao longo da história da Igreja teve expressões múltiplas, tanto no Oriente como no Ocidente.

Com o mistério da Assunção ao céu, atuaram-se em Maria definitivamente todos os efeitos da única mediação de *Cristo, Redentor do mundo e Senhor*

---

[14] Idem, ibidem, 62; cf. S. João Damasceno, *Hom. in Dormitionem*, I, 11; II, 2, 14; III, 2: *S. Ch.* 80, 111-112; 127-131; 157-161; 181-185; S. Bernardo, *In Assumptione Beate Mariae Sermo*, 1-2: *S. Bernardi Opera*, V, 1968, 228-238.

[15] Const. dogm. sobre a Igreja *Lumen gentium*, 59; cf. Pio XII, Const. apost. *Munificentissimus Deus* (1º de novembro de 1950): *AAS* 42 (1950) 769-771; S. Bernardo apresenta Maria imersa no esplendor da glória do Filho: *In Dominica infra oct. Assumptionis Sermo*, 3: *S. Bernardi Opera*, V, 1968, 263-264.

ressuscitado: "Todos receberão a vida em Cristo. Cada um, porém, na sua ordem: primeiro Cristo, que é as primícias; depois, à sua vinda, aqueles que pertencem a Cristo" (1Cor 15,22-23). No mistério da Assunção exprime-se a fé da Igreja, segundo a qual Maria está "unida por um vínculo estreito e indissolúvel a Cristo", pois, se já como Virgem-Mãe estava a ele unida singularmente *na sua primeira vinda*, pela sua contínua cooperação com ele o estará também na expectativa da segunda: "Remida dum modo mais sublime, em atenção aos méritos de seu Filho",[16] ela tem também aquele papel, próprio de Mãe, de medianeira de clemência, na *vinda definitiva*, quando todos os que são de Cristo serão vivificados e quando "o último inimigo a ser destruído será a morte" (1Cor 15,26).[17]

Com tal exaltação da "excelsa filha de Sião"[18] mediante a Assunção do céu, está conexo o mistério da sua glória eterna. A mãe de Cristo, efetivamente, foi glorificada como "Rainha do Universo".[19] Ela, que na altura da Anunciação, se definiu "serva do Senhor", permaneceu fiel ao que este nome exprime durante

---

[16] Conc. Ecum. Vaticano II, Const. dogm. sobre a Igreja *Lumen gentium*, 53.

[17] Quanto a este aspecto particular da mediação de Maria, como *aquela que implora a clemência* junto do seu "Filho Juiz", cf. S. Bernardo, *In Dominica infra oct. Assumptionis Sermo*, 1-2: *S. Bernardi Opera*, V, 1968, 262-263; Leão XIII, *Enc. Octobri mense* (22 de setembro de 1891): *Acta Leonis*, XI, 299-315.

[18] Conc. Ecum. Vaticano II, Const. dogm. sobre a Igreja *Lumen gentium*, 55.

[19] Idem, ibidem, 59.

toda a vida terrena, confirmando desse modo ser uma verdadeira "discípula" de Cristo, que teve ocasião de acentuar fortemente o caráter de serviço da sua missão: O Filho do homem "não veio para ser servido, mas para servir e dar a sua vida como resgate de muitos" (Mt 20,28). Por isso, Maria tornou-se a primeira entre aqueles que, "servindo a Cristo também nos outros, conduzem os seus irmãos, com humildade e paciência, àquele Rei, a quem servir é reinar";[20] e alcançou plenamente aquele "estado de liberdade real" que é próprio dos discípulos de Cristo: servir quer dizer reinar!

"Cristo tendo-se feito obediente até a morte, foi por isso mesmo exaltado pelo Pai (cf. Fl 2,8-9) e entrou na glória do seu Reino; a ele estão submetidas todas as coisas, até que ele se sujeite a si mesmo e consigo todas as criaturas ao Pai, a fim de que Deus seja tudo em todos (cf. 1Cor 15,27-28)".[21] Maria, serva do Senhor, tem parte nesse Reino do Filho.[22] A *glória de servir* não cessa de ser a sua exaltação real: elevada ao céu, não suspende aquele seu serviço salvífico em que se exprime a mediação materna, "até a consumação perpétua de todos os eleitos".[23] Assim, aquela que, aqui

---

[20] Idem, ibidem, 36.

[21] Idem, ibidem, 36.

[22] A propósito de Maria Rainha, cf. S. João Damasceno, *Hom. in Nativitatem*, 6, 12; *Hom. in Dormitionem*, *I*, 2, 12, 14; *II*, 11; *III*, 4: *S. Ch.* 80, 59-60; 77-78; 83-84; 113-114; 117; 151-152; 189-193.

[23] Conc. Ecum. Vaticano II, Const. dogm. sobre a Igreja *Lumen gentium*, 62.

na terra, "conservou fielmente a sua união com o Filho até a cruz", permanece ainda unida a ele, uma vez que "tudo lhe está submetido, *até que ele sujeite ao Pai a sua pessoa e todas as criaturas"*. Mais, com a sua Assunção ao Céu, Maria está como que envolvida por toda a realidade da comunhão dos santos; e a sua própria união com o Filho na glória está toda propendente para a plenitude definitiva do Reino, *quando "Deus for tudo em todos"*.

Também nessa fase a mediação materna de Maria não deixa de estar subordinada àquele que é único Mediador, *até a definitiva atuação "da plenitude dos tempos"*: "a de em Cristo recapitular todas as coisas" (Ef 1,10).

2. Maria na vida da Igreja e de cada cristão

42. O Concílio Vaticano II, situando-se na linha da Tradição, projetou uma nova luz sobre o papel da Mãe de Cristo na vida da Igreja. "A bem-aventurada Virgem Maria [...] pelo dom da maternidade divina, que a une com o seu Filho Redentor, e ainda pelas suas graças e funções singulares, encontra-se também intimamente unida à Igreja: *a Mãe de Deus é a figura da Igreja* [...], e isso, na ordem da fé, da caridade e da perfeita união com Cristo".[24] Já vimos anteriormente

---

[24] Idem, ibidem, 63.

que Maria permanece desde o princípio com os apóstolos, enquanto esperam o Pentecostes, e que, sendo a "feliz porque acreditou", de geração em geração ela está presente no meio da Igreja, que faz a sua peregrinação na fé, sendo para ela igualmente modelo da esperança que não decepciona (cf. Rm 5,5).

Maria acreditou que se cumpririam aquelas coisas que lhe tinham sido ditas da parte do Senhor. Como Virgem, acreditou que conceberia e daria à luz um filho: o "Santo", ao qual corresponde o nome de "Filho de Deus", o nome de "Jesus" (= Deus que salva). Como serva do Senhor, permaneceu perfeitamente fiel à pessoa e à missão desse seu Filho. Como Mãe, *"pela sua fé e obediência* [...] *gerou na terra o próprio Filho de Deus, sem ter conhecido homem, mas por obra e graça do Espírito Santo"*.[25]

Por esses motivos "Maria [...] é com razão honrada pela Igreja com culto especial; [...] já desde os tempos mais antigos, a Santíssima Virgem é venerada com o título de 'Mãe de Deus' e sob a sua proteção se acolhem os fiéis, que a imploram em todos os perigos e necessidades".[26] Esse culto é absolutamente singular: contém em si e *exprime aquele vínculo* profundo que

---

[25] Idem, ibidem, 63.
[26] Idem, ibidem, 66.

existe *entre a Mãe de Cristo e a Igreja*.[27] Como Virgem e Mãe, Maria permanece um "modelo perene" para a Igreja. Pode-se, portanto, dizer que sobretudo sob esse aspecto, isto é, como modelo, ou melhor, como "figura", Maria, presente no mistério de Cristo, permanece também constantemente presente no mistério da Igreja. Com efeito, também a Igreja "é chamada Mãe e Virgem"; e esses nomes têm profunda justificação bíblica e teológica.[28]

43. A Igreja *"torna-se Mãe* [...] pela fiel recepção da palavra de Deus".[29] Como Maria, que foi a primeira a acreditar, acolhendo a palavra de Deus que lhe foi revelada na Anunciação e a ela permanecendo fiel em todas as provações até a cruz, assim também a Igreja se torna Mãe quando, *acolhendo com fidelidade a palavra de Deus*, "pela pregação e pelo batismo, *gera para uma vida nova e imortal os filhos*, concebidos por *obra do Espírito Santo e nascidos de Deus*".[30] Essa característica "materna" da Igreja foi expressa de modo particularmente vívido pelo Apóstolo das Gentes, quando escreveu: "Meus filhinhos, por quem sofro novamente as dores de parto, até que Cristo seja formado

---

[27] Cf. S. Ambrósio, *De institutione Virginis*, XIV, 88-89: *PL* 16, 326-327; S. Agostinho, *Sermo 215*, 4: *PL* 38, 1074; *De Sancta Virginitate* II, 2; V, 5; VI, 6; *PL* 40, 397; 398-399; *Sermo 191*, II, 3: *PL* 38, 1010-1011.

[28] Conc. Ecum. Vaticano II, Const. dogm. sobre a Igreja *Lumen gentium*, 63.

[29] Idem, ibidem, 64.

[30] Idem, ibidem, 64.

em vós"! (Gl 4,19). Nessas palavras de são Paulo está contida uma indicação interessante da consciência que tinha a Igreja primitiva da função maternal, que andava ligada ao seu serviço apostólico entre os homens. Tal consciência permitia e constantemente permite à Igreja encarar o mistério da sua vida e da sua missão *à luz do exemplo da geratriz do Filho de Deus*, que é "o primogênito entre muitos irmãos" (Rm 8,29).

A Igreja, em certo sentido, apreende de Maria também o que é a própria maternidade: ela reconhece essa dimensão maternal da própria vocação, como algo ligado essencialmente à sua natureza sacramental, "contemplando a sua santidade misteriosa, imitando a sua caridade e cumprindo fielmente a vontade do Pai".[31] O fato de a Igreja ser sinal e instrumento da íntima união com Deus tem a sua base na maternidade que lhe é própria: porque, vivificada pelo Espírito Santo, "gera" filhos e filhas da família humana para uma vida nova em Cristo. Com efeito, assim como *Maria está a serviço do mistério da Encarnação*, também *a Igreja* permanece *a serviço do mistério da adoção como filhos* mediante a graça.

Ao mesmo tempo, a exemplo de Maria, a Igreja permanece a Virgem fiel ao próprio Esposo: "Também ela é Virgem, que guarda íntegra e pura a fé jurada ao

---

[31] Idem, ibidem, 64.

Esposo".[32] A Igreja, de fato, é a esposa de Cristo, como resulta das cartas paulinas (cf. Ef 5,21-33; 2Cor 11,2) e da maneira como são João a designa: "A Esposa do Cordeiro" (Ap 21,9). Se *a Igreja* como esposa "guarda *a fé jurada* a Cristo", essa fidelidade, embora no ensino do apóstolo se tenha tornado imagem do matrimônio (cf. Ef 5,23-33), possui também o valor de ser o tipo da total doação a Deus no celibato "por amor do Reino dos céus", ou seja, *da virgindade consagrada a Deus* (cf. Mt 19,11-12; 2Cor 11,2). Essa virgindade precisamente, a exemplo da Virgem de Nazaré, é fonte de uma especial fecundidade espiritual: *é fonte da maternidade no Espírito Santo.*

Mas a *Igreja* guarda também a fé *recebida* de Cristo: a exemplo de Maria, que guardava e meditava no seu coração (cf. Lc 2,19.51) tudo o que dizia respeito ao seu divino Filho, ela está empenhada em guardar a Palavra de Deus, apurando as suas riquezas com discernimento e prudência, para dar sempre da mesma, ao longo dos tempos, testemunho fiel a todos os homens.[33]

44. Existindo essa relação de exemplaridade, a Igreja descobre-se em Maria e procura tornar-se semelhante a ela: "À imitação da Mãe do seu Senhor e

---

[32] Idem, ibidem, 64.
[33] Cf. CONC. ECUM. VATICANO II, Const. dogm. sobre a Revelação Divina *Dei Verbum*, 8: S. BOAVENTURA, *Comment. in Evang. Lucae*: *Ad Claras Aquas*, VII, 53, n. 40; 68, n. 109.

por virtude do Espírito Santo, conserva virginalmente íntegra a fé, sólida a esperança e sincera a caridade".[34] Maria está presente, portanto, no mistério da Igreja como *modelo*. Mas o mistério da Igreja consiste também em gerar os homens para uma vida nova e imortal: é a sua maternidade no Espírito Santo. E, nisso, Maria não é só modelo e figura da Igreja, mas é muito mais. Com efeito, *"ela coopera com amor de mãe para a regeneração e formação"* dos filhos e filhas da mãe-Igreja. A maternidade da Igreja realiza-se não só segundo o modelo e a figura da Mãe de Deus, mas também com a sua "cooperação". A Igreja *vai haurir* copiosamente nessa cooperação de Maria, isto é, na mediação materna que é característica de Maria, no sentido de que já na terra ela cooperou na regeneração e formação dos filhos e filhas da Igreja, sempre como Mãe daquele Filho "que Deus constituiu o primogênito entre muitos irmãos".[35]

Para isso "cooperou" — como ensina o Concílio Vaticano II — com amor de mãe.[36] Descobre-se aqui o valor real das palavras de Jesus, na hora da cruz, à sua Mãe: "Mulher, eis o teu filho", e ao discípulo: "Eis a tua mãe" (Jo 19,26-27). São palavras que determinam o *lugar de Maria na vida dos discípulos de Cristo* e expri-

---

[34] CONC. ECUM. VATICANO II, Const. dogm. sobre a Igreja *Lumen gentium*, 64.
[35] Idem, ibidem, 63.
[36] Idem, ibidem, 63.

mem — como já disse — a sua nova maternidade como Mãe do Redentor: a maternidade espiritual, que nasceu do mais íntimo do mistério pascal do Redentor do mundo. Trata-se de uma maternidade na ordem da graça, porque invoca o dom do Espírito Santo que suscita os novos filhos de Deus, remidos pelo sacrifício de Cristo: daquele mesmo Espírito que, conjuntamente com a Igreja, também Maria recebeu no dia do Pentecostes.

Essa sua maternidade é particularmente advertida e vivida pelo povo cristão no *Banquete sagrado* — celebração litúrgica do mistério da Redenção —, no qual se torna presente Cristo, no *seu verdadeiro Corpo nascido da Virgem Maria.*

Com boa razão, pois, a piedade do povo cristão vislumbrou sempre uma *ligação profunda* entre a devoção à Virgem Santíssima e o culto da Eucaristia: pode-se comprovar esse fato na liturgia, tanto ocidental como oriental, na tradição das famílias religiosas, na espiritualidade dos movimentos contemporâneos, mesmo dos movimentos juvenis, e na pastoral dos santuários marianos. *Maria conduz os fiéis à Eucaristia.*

45. É algo essencial à maternidade o fato de ela envolver a pessoa. Ela determina sempre *uma relação única e irrepetível* entre duas pessoas: *da mãe com o filho e do filho com a mãe.* Mesmo quando uma só "mulher" é mãe de muitos filhos, a sua relação pessoal com cada um deles caracteriza a maternidade na sua

própria essência. Cada um dos filhos, de fato, é gerado de modo único e irrepetível; e isso é válido tanto para a mãe como para o filho. Cada um dos filhos é circundado, de modo único e irrepetível, por aquele amor materno em que se baseia a sua formação e maturação em humanidade.

Pode-se dizer que "a maternidade na ordem da graça" tem analogia com o que "na ordem da natureza" caracteriza a união da mãe com o filho. À luz disso, torna-se mais compreensível o motivo pelo qual, no testamento de Cristo no Gólgota, essa maternidade de sua Mãe é por ele expressa no singular, em relação a um só homem: "Eis o teu filho".

Pode-se dizer, ainda, que nessas mesmas palavras está plenamente indicado o motivo *da dimensão mariana da vida dos discípulos de Cristo:* não só de são João, que naquela hora estava aos pés da cruz, juntamente com a Mãe do seu Mestre, mas também de todos os demais discípulos de Cristo e de todos os cristãos. O Redentor confia sua Mãe ao discípulo e, ao mesmo tempo, dá-lha como mãe. A maternidade de Maria que se torna herança do homem é um dom: *um dom que o próprio Cristo* faz a cada homem pessoalmente. O Redentor confia Maria a João, na medida em que confia João a Maria. Aos pés da cruz teve o seu início aquela especial *entrega do homem à Mãe de Cristo*, que ao longo da história da Igreja foi posta em prática e expressa de diversas maneiras. Quando o mesmo apóstolo e evangelista, depois de ter referido as palavras dirigidas por Jesus do alto da cruz à mãe e a si próprio, acrescenta: "E, a partir daquele momento, o discípulo levou-a para sua casa" (Jo 19,27), essa afirmação quer dizer, certamente, que ao discípulo foi atribuído um papel de filho e que ele tomou ao seu cuidado a Mãe do Mestre que amava. E uma vez que Maria lhe foi dada pessoalmente a ele como mãe, a afirmação indica, embora indiretamente, tudo o que exprime a relação íntima de um filho com a mãe. E tudo isso pode encerrar-se na palavra "entrega". A entrega é a *resposta* ao amor duma pessoa e, em particular, *ao amor da mãe*.

A dimensão mariana da vida de um discípulo de Cristo exprime-se, de modo especial, precisamente mediante essa entrega filial em relação à Mãe de Cristo, iniciada com o testamento do Redentor no alto do Gólgota. Confiando-se filialmente a Maria, o cristão, como o apóstolo são João, acolhe "entre as suas coisas próprias"[37] a Mãe de Cristo e a introduz em todo o espaço da própria vida interior, isto é, no seu "eu"

---

[37] Como é sabido, o que se exprime no texto grego vai além do simples acolhimento de Maria por parte do discípulo, no sentido só do alojamento material e da hospedagem em sua casa: tal expressão designa prevalentemente *uma comunhão de vida* (em família) que se estabelece entre os dois, em virtude das palavras de Cristo ao morrer: cf. S. Agostinho, *In Joan. Evang. Tract. 119*, 3: CCL 36, 659: "O discípulo recebeu-a em casa, não num prédio de sua propriedade, porque não possuía nada de seu, mas sim entre o que era objeto dos seus cuidados, a que ele atendia com dedicação".

humano e cristão: *"levou-a para sua casa"*. Assim procura entrar no âmbito de irradiação em que atua aquela "caridade materna" com que a Mãe do Redentor "cuida dos irmãos do seu Filho",[38] para cuja regeneração e formação ela coopera",[39] segundo a medida do dom próprio de cada um, pelo poder do Espírito de Cristo. Assim se vai atuando também aquela maternidade segundo o Espírito, que se tornou função de Maria aos pés da cruz e no Cenáculo.

46. Essa relação filial, esse entregar-se de um filho à Mãe, não só tem o seu *início em Cristo*, mas pode-se dizer que está definitivamente *orientado para ele*. Pode-se dizer, ainda, que Maria continua a repetir a todos as mesmas palavras que disse outrora em Caná da Galiléia: "Fazei o que ele vos disser". Com efeito, é ele, Cristo, o único mediador entre Deus e os homens; é ele "o caminho, a verdade e a vida" (Jo 14,6); e é aquele que o Pai doou ao mundo, para que o homem "não pereça, mas tenha a vida eterna" (Jo 3,16). A Virgem de Nazaré tornou-se a primeira "testemunha" desse amor salvífico do Pai e deseja também *permanecer* a sua *humilde serva sempre e em toda parte*. Em relação a todos e cada um dos cristãos e a cada um dos homens, Maria é a primeira na fé: é "aquela que

---

[38] CONC. ECUM. VATICANO II, Const. dogm. sobre a Igreja *Lumen gentium*, 62.
[39] Idem, ibidem, 63.

acreditou"; e, precisamente com essa sua fé de esposa e de mãe, ela quer atuar em favor de todos os que a ela se entregam como filhos. E é sabido que quanto mais esses filhos perseveram na atitude de entrega e mais progridem nela, tanto mais Maria os aproxima das "insondáveis riquezas de Cristo" (Ef 3,8). E, de modo análogo, também eles reconhecem cada vez mais em toda a sua plenitude a dignidade do homem e o sentido definitivo da sua vocação, porque "Cristo [...] revela também plenamente o homem ao homem".[40]

Essa dimensão mariana da vida cristã assume um relevo particular no que respeita à mulher e à condição feminina. Com efeito, a feminilidade encontra-se numa *relação singular* com a Mãe do Redentor, assunto que poderá ser aprofundado num outro contexto. Aqui desejaria somente salientar que a figura de Maria de Nazaré projeta luz sobre *a mulher enquanto tal*, pelo fato exatamente de Deus, no sublime acontecimento da Encarnação do Filho, se ter confiado aos bons préstimos, livres e ativos, da mulher. Pode-se, portanto, afirmar que a mulher, olhando para Maria, nela encontrará o segredo para viver dignamente a sua feminilidade e levar a efeito a sua verdadeira promoção. À luz de Maria, a Igreja lê no rosto da mulher os reflexos de uma beleza, que é espelho dos mais elevados

---

[40] CONC. ECUM. VATICANO II, Const. past. sobre a Igreja no mundo contemporâneo *Gaudium et spes*, 22.

sentimentos que o coração humano pode albergar: a totalidade do dom de si por amor; a força que é capaz de resistir aos grandes sofrimentos; a fidelidade sem limites, a operosidade incansável e a capacidade de conjugar a intuição penetrante com a palavra de apoio e encorajamento.

47. Durante o Concílio, o Papa Paulo VI afirmou solenemente que *Maria é Mãe da Igreja*, "isto é, Mãe de todo o povo cristão, tanto dos fiéis como dos Pastores".[41] Mais tarde, em 1968, na Profissão de Fé conhecida com o nome de "Credo do Povo de Deus", repetiu essa afirmação de forma ainda mais compromissiva, usando as palavras: "Nós acreditamos que a Santíssima Mãe de Deus, nova Eva, Mãe da Igreja, continua no Céu a sua função maternal em relação aos membros de Cristo, cooperando no nascimento e desenvolvimento da vida divina nas almas dos remidos".[42]

O magistério do Concílio acentuou que a verdade sobre a Virgem Santíssima, Mãe de Cristo, constitui um subsídio eficaz para o aprofundamento da verdade sobre Igreja. O mesmo Papa Paulo VI, ao tomar a palavra a propósito da Constituição *Lumen gentium*, que acabava de ser aprovada pelo Concílio, disse: "O *conhecimento* da verdadeira doutrina católica *sobre*

---

[41] Cf. PAULO VI, *Discurso em 21 de novembro de 1964*: *AAS* 56 (1964) 1015.

[42] PAULO VI, *Credo do Povo de Deus* (30 de junho de 1968), 15: *AAS* 60 (1968) 438-439.

a bem-aventurada Virgem Maria constituirá sempre uma chave *para a compreensão exata do mistério de Cristo e da Igreja*".[43] Maria está presente na Igreja como Mãe de Cristo e, ao mesmo tempo, como a Mãe que o próprio Cristo, no mistério da Redenção, deu ao homem na pessoa do apóstolo são João. Por isso, Maria abraça, com a sua nova maternidade no Espírito, todos e cada um *na* Igreja: e abraça também a todos e cada um *mediante* a Igreja. Nesse sentido, Maria, Mãe da Igreja, é também modelo da Igreja. Esta, efetivamente — como preconiza e solicita o Papa Paulo VI — deve ir "buscar na Virgem Mãe de Deus a forma mais autêntica da perfeita imitação de Cristo".[44]

Graças a esse vínculo especial, que une a Mãe de Cristo à Igreja, *esclarece-se* melhor *o mistério* daquela *"mulher"* que, desde os primeiros capítulos do Livro do Gênesis ate o Apocalipse, acompanha a revelação do desígnio salvífico de Deus em relação à humanidade. Maria, de fato, presente na Igreja como Mãe do Redentor, participa maternalmente daquele "duro combate contra os poderes das trevas [...], que se trava ao longo de toda a história humana".[45] E em virtude dessa sua identificação eclesial com a "mulher vestida de sol"

---

[43] Paulo VI, *Discurso em 21 de novembro de 1964*: *AAS* 56 (1964) 1015.

[44] Idem, ibidem, 1016.

[45] Cf. Conc. Ecum. Vaticano II. Const. past. sobre a Igreja no mundo contemporâneo *Gaudium et spes*, 37.

(Ap 12,1),[46] pode-se dizer que "a Igreja alcançou já na Virgem Santíssima aquela perfeição, que faz com que ela se apresente sem mancha nem ruga"; todavia, os cristãos, levantando os olhos com fé para Maria, ao longo da sua peregrinação na terra, "continuam ainda a esforçar-se por crescer na santidade".[47] Maria, a excelsa filha de Sião, ajuda todos os seus filhos — onde quer que vivam e como quer que vivam — a *encontrar em Cristo o caminho para casa do Pai.*

Por conseguinte, a Igreja mantém, em toda a sua vida, uma ligação com a Mãe de Deus que abraça, no mistério salvífico, o passado, o presente e o futuro; e venera-a como Mãe espiritual da humanidade e Advogada na ordem da graça.

3. O sentido do Ano Mariano

48. O vínculo especial da humanidade com essa Mãe foi precisamente o que me levou a proclamar na Igreja, no período que antecede a conclusão do segundo milênio do nascimento de Cristo, um Ano Mariano. Uma iniciativa semelhante a essa já se verificou no passado, quando o Papa Pio XII proclamou o ano de 1954 como o Ano Mariano, para dar realce à excepcio-

---

[46] Cf. S. BERNARDO, *In Dominica infra oct. Assumptionis Sermo*: *S. Bernardi Opera*, V, 1968, 262-274.

[47] CONC. ECUM. VATICANO II, Const. dogm. sobre a Igreja *Lumen gentium*, 65.

nal santidade da Mãe de Cristo, expressa nos mistérios da sua Imaculada Conceição (definida exatamente um século antes) e da sua Assunção ao Céu.[48]

Seguindo a linha do Concílio Vaticano II, anima-me o desejo de pôr em relevo a *presença especial* da Mãe de Deus no mistério de Cristo e da sua Igreja. Essa é uma dimensão fundamental que dimana da mariologia do Concílio, de cujo encerramento já nos separam mais de vinte anos. O Sínodo extraordinário dos Bispos, que se realizou em 1985, exortou a todos a seguirem fielmente o Magistério e as indicações do Concílio. Pode-se dizer que em ambos — no Concílio e no Sínodo — está contido aquilo que o Espírito Santo deseja "dizer à Igreja" (Ap 2,7.17.29; 3,6.13.22) na fase presente da história.

Nesse contexto, o Ano Mariano devera promover também uma leitura nova e aprofundada daquilo que o Concílio disse sobre a bem-aventurada Virgem Maria, Mãe de Deus, no mistério de Cristo e da Igreja, a que se referem as considerações contidas na presente Encíclica. Com essa perspectiva, trata-se não só da *doutrina da fé* mas também da *vida de fé*; e, portanto, da autêntica "espiritualidade mariana", vista à luz da Tradição e, especialmente, daquela espiritualidade a

---

[48] Cf. Carta Enc. *Fulgens Corona* (8 de setembro de 1953): *AAS* 45 (1953) 577-592.

que nos exorta o Concílio.[49] Além disso, a *espiritualidade* mariana, assim como a *devoção* correspondente, tem uma riquíssima fonte na experiência histórica das pessoas e das diversas comunidades cristãs, que vivem no seio dos vários povos e nações, sobre toda a face da terra. A esse propósito, é-me grato recordar, dentre as muitas testemunhas e mestres de tal espiritualidade, a figura de são Luís Maria Grignion de Montfort,[50] o qual propõe aos cristãos a consagração a Cristo pelas mãos de Maria como meio eficaz para viver fielmente os compromissos batismais. E registro ainda aqui, de bom grado, que também nos nossos dias não faltam novas manifestações dessa espiritualidade e devoção.

Há, portanto, pontos de referência seguros para os quais olhar e aos quais ater-se, no contexto deste Ano Mariano.

49. A celebração do mesmo *Ano Mariano terá início na Solenidade do Pentecostes no dia 7 de junho próximo*. Trata-se, efetivamente, não apenas de recordar que Maria "precedeu" o ingresso de Cristo Senhor na história da humanidade, mas também de salientar, à luz de Maria, que, desde que se realizou o mistério

---

[49] Cf. Const. dogm. sobre a Igreja *Lumen gentium*, 66-67.
[50] São Luís Maria Grignion de Montfort, *Traité de la vraie dévotion à la Sainte Vierge*. A par deste santo, pode com justeza ser colocada a figura de santo Afonso Maria Liguori, do qual este ano se celebra o segundo centenário da morte: cf., entre as suas obras, *As glórias de Maria*.

da Encarnação, a história da humanidade entrou "na plenitude dos tempos" e que a Igreja é o sinal dessa plenitude. Como Povo de Deus, *a Igreja* vai fazendo, mediante a fé, a peregrinação no sentido da eternidade no meio de todos os povos e nações, peregrinação que começou no dia de Pentecostes. *A Mãe de Cristo*, que esteve presente no princípio do "tempo da Igreja" quando, durante os dias de espera do Espírito Santo, era assídua na oração no meio dos apóstolos e dos discípulos do seu Filho, "precede" constantemente *a Igreja* nessa sua *caminhada* através da história da humanidade. Ela é também aquela que, precisamente como serva do Senhor, coopera sem cessar na obra da salvação realizada por Cristo, seu Filho.

Assim por meio deste Ano Mariano, a *Igreja é chamada* não só a recordar tudo o que no seu passado testemunha a especial cooperação materna da Mãe de Deus na obra da salvação em Cristo Senhor, mas também a *preparar* para o futuro, na parte que lhe toca, os caminhos dessa cooperação salvífica, dado que, com o final do segundo milênio cristão, se abre como que uma nova perspectiva.

50. Como já tivemos ocasião de recordar, também entre os irmãos desunidos muitos honram e celebram a Mãe do Senhor, especialmente entre os orientais. É uma luz mariana projetada sobre o ecumenismo. Mas desejaria aqui recordar ainda, em particular, que du-

rante o Ano Mariano ocorrerá o *Milênio do Batismo* de são Vladimir, Grão-Príncipe de Kiev (a. 988), que deu início ao cristianismo nos territórios da "Rus'" de então e, em seguida, em todos os territórios da Europa oriental; e que, por essa via, mediante a obra de evangelização, o Cristianismo se estendeu também para além da Europa, até os territórios setentrionais do continente asiático. Desejaríamos, portanto, especialmente durante este Ano, unir-nos na oração com todos aqueles que celebram o milênio desse batismo, ortodoxos e católicos, renovando e confirmando com o Concílio a vivência de sentimentos de alegria e consolação, pelo fato de que "os orientais [...] acorrem a venerar a Mãe de Deus, sempre Virgem, com fervor ardente e ânimo devoto".[51] Embora experimentemos ainda os efeitos dolorosos da separação, que se deu alguns decênios depois (a. 1054), podemos dizer que *diante da Mãe de Cristo nos sentimos verdadeiros irmãos e irmãs* no âmbito daquele Povo messiânico chamado a ser uma família de Deus sobre a face da Terra, como já tive ocasião de anunciar no passado dia de Ano Novo: "Desejamos reconfirmar essa herança universal de todos os filhos e filhas dessa Terra".[52]

Ao anunciar o Ano de Maria, eu precisava ainda que o seu encerramento será no ano seguinte, na

---

[51] Const. dogm. sobre a Igreja *Lumen gentium*, 69.
[52] Homilia no dia 1º de janeiro de 1987.

solenidade da Assunção de Nossa Senhora ao Céu, querendo realçar "o sinal grandioso no céu" de que fala o Apocalipse. Desse modo, queremos também pôr em prática a exortação do Concílio, que olha para Maria como um "sinal de esperança segura e de consolação para o peregrino Povo de Deus". E essa exortação foi expressa pelo Concílio com as seguintes palavras: "Dirijam todos os fiéis súplicas instantes à Mãe de Deus e Mãe dos homens, para que ela, que assistiu com suas orações aos começos da Igreja, também agora, no Céu, exaltada acima de todos os bem-aventurados e dos anjos, interceda junto de seu Filho, na comunhão do todos os santos, ate que todas as famílias dos povos, quer as que ostentam o nome cristão, quer as que ignoram ainda o seu Salvador, se reúnam felizmente, em paz e concórdia, no único Povo de Deus, para glória da Santíssima e indivisa Trindade".[53]

---

[53] Const. dogm. sobre a Igreja *Lumen gentium*, 69.

CONCLUSÃO

51. Ao terminar a Liturgia das Horas quotidiana, entre outras, eleva-se esta invocação da Igreja a Maria:

"Ó Santa Mãe do Redentor, porta do Céu sempre aberta, estrela do mar, socorrei o vosso povo, que cai e anela por erguer-se. Vós que gerastes, com grande admiração de todas as criaturas, o vosso santo Genitor!"[*]

"Com grande admiração de todas as criaturas"! Essas palavras da antífona exprimem *admiração de fé*, que acompanha o mistério da maternidade divina de Maria. E acompanha-o, em certo sentido, no coração de tudo o que foi criado e, diretamente, no coração de todo o Povo de Deus, no coração da Igreja.

Quão admiravelmente Deus, Criador e Senhor de todas as coisas, se deixou levar longe na "revelação de si mesmo" ao homem![1] Quanto se nos torna patente

---

[*] Trata-se de uma antífona final de Nossa Senhora nas Completas. Na versão brasileira da Liturgia das Horas, está: "Ó Mãe do Redentor, do céu ó porta, ao povo que caiu, socorre e exorta, pois busca levantar-se, Virgem pura, nascendo o Criador da criatura: tem piedade de nós e ouve, suave, o anjo te saudando com seu Ave!". (N.E.)

[1] Cf. Conc. Ecum. Vaticano II, Const. dogm. sobre a Revelação Divina *Dei Verbum*, 2: "Em virtude desta Revelação, Deus invisível [...], na riqueza do seu amor, fala aos homens como a amigos [...] e convive com eles [...], para os convidar e os admitir à comunhão com ele".

que ele transpôs todos os espaços daquela "distância" infinita que separa o Criador da criatura! Se ele, em si mesmo, permanece *inefável e imperscrutável, é ainda mais inefável e imperscrutável na realidade da sua Encarnação*, no fato de "se ter feito homem", nascendo da Virgem de Nazaré.

Se ele quis chamar eternamente o homem para ser "participante da natureza divina" (2Pd 1,4), pode-se dizer que *predispôs* a "divinização" do homem em função das suas condições históricas, de modo que, mesmo depois do pecado, está disposto a "resgatar", por elevado preço, o desígnio eterno do seu amor, mediante a "humanização" do Filho, que lhe é consubstancial. Tudo o que foi criado e, mais diretamente, o homem não pode deixar de ficar estupefato diante desse dom, de que se tornou participante no Espírito Santo: "Com efeito, Deus amou tanto o mundo que lhe deu o seu Filho unigênito" (Jo 3,16).

No centro desse mistério, no mais vivo dessa admiração de fé está Maria. Santa Mãe do Redentor, ela foi a primeira a experimentá-la: "Vós, que gerastes, com grande admiração de todas as criaturas, o vosso santo Genitor"!

52. Nas palavras dessa antífona litúrgica está expressa também *a verdade da "grande mudança de situação"* para o homem, determinada pelo mistério

da Encarnação. Trata-se de uma autêntica reviravolta, que afeta toda a sua história, desde aquele princípio que nos é revelado nos primeiros capítulos do Gênesis, até o termo derradeiro, na perspectiva do fim do mundo, de que Jesus não nos revelou "o dia nem a hora" (Mt 25,13). É uma mudança de situação incessante e contínua, entre o cair e o erguer-se, entre o homem do pecado e o homem da graça e da justiça. A liturgia, especialmente no Advento, coloca-se no ponto nevrálgico dessa reviravolta e alude ao seu incessante "aqui e agora", ao mesmo tempo que exclama: "Socorrei o vosso povo, que cai e anela por erguer-se"!

Essas palavras referem-se a cada um dos homens, a todas as comunidades humanas, às nações e aos povos, às gerações e às épocas da história humana: referem-se à nossa época, a estes anos do milênio que está a caminhar para o fim: "Socorrei, sim, socorrei o vosso povo que cai"!

É essa a invocação dirigida a Maria, "Santa Mãe do Redentor"; é a invocação dirigida a Cristo, que por meio de Maria entrou na história da humanidade. De ano para ano, a antífona é elevada ao céu, em louvor de Maria, evocando o momento em que se realizou essa essencial reviravolta histórica, que perdura irreversivelmente: a mudança da situação entre "o cair" e o "erguer-se".

A humanidade fez descobertas admiráveis e alcançou resultados portentosos, no campo da ciência e da técnica; realizou grandes obras nos caminhos do progresso e da civilização; e, nos tempos mais recentes, dir-se-ia que conseguiu mudar o curso da história; mas a transformação fundamental, a reviravolta que se pode dizer "original", essa acompanha sempre a caminhada do homem e, através das diversas vicissitudes históricas, acompanha todos e cada um dos homens. É a mudança de situação entre "o cair" e "o erguer-se", entre a morte e a vida. Tal reviravolta constitui também *um desafio incessante* à consciência humana, um desafio a toda a consciência histórica do homem: o desafio para seguir os caminhos do "não cair", com os recursos sempre antigos e sempre novos, e do "ressurgir", se caiu.

À medida que a Igreja se vai aproximando, juntamente com toda a humanidade, da fronteira entre os dois milênios, ela, por sua parte, com toda a comunidade dos que acreditam em Deus e em comunhão com todos os homens de boa vontade, aceita o grande desafio que se encerra nas palavras da antífona sobre "o povo que cai e anela por erguer-se"; e, conjuntamente, dirige-se ao Redentor e à sua Mãe com a invocação: "Socorrei"! Com efeito, a mesma Igreja vê — e atesta-o essa oração litúrgica — a bem-aventurada Mãe de Deus no mistério salvífico de Cristo e no seu próprio mistério; vê-a radicada profundamente na história da humanidade, na eterna vocação do homem, segundo o desígnio providencial que Deus predispôs eternamente para ele; vê-a presente como Mãe e a participar dos múltiplos e complexos problemas que *hoje* acompanham a vida das pessoas individualmente, das famílias e das nações; vê-a como auxílio do povo cristão, na luta incessante entre o bem e o mal, para que "não caia" ou, se caiu, para que "se erga".

Faço ardentes votos de que também as reflexões contidas na presente Encíclica aproveitem para que se renove essa visão no coração de todos os que acreditam.

Como Bispo de Roma, eu envio, a todos aqueles a quem estas considerações são destinadas, o ósculo da paz, com saudações e a bênção em Nosso Senhor Jesus Cristo. Amém!

Dado em Roma, junto de são Pedro, no dia 25 de março — Solenidade da Anunciação do Senhor — do ano de 1987, nono do meu Pontificado.

João Paulo II

SUMÁRIO

Introdução 3

I Parte
MARIA NO MISTÉRIO DE CRISTO

1. Cheia de graça... 15
2. Feliz daquela que acreditou................................ 24
3. Eis a tua mãe 41

II Parte
A MÃE DE DEUS NO CENTRO DA IGREJA QUE ESTÁ A CAMINHO

1. A Igreja, Povo de Deus presente em todas as nações da terra... 55
2. A caminhada da Igreja e a unidade de todos os cristãos.. 67
3. O *Magnificat* da Igreja que está a caminho... 75

III Parte
MEDIAÇÃO MATERNA

1. Maria, serva do Senhor 83
2. Maria na vida da Igreja e de cada cristão.......... 94
3. O sentido do Ano Mariano 107

Conclusão.. 113

Rua Dona Inácia Uchoa, 62
04110-020 – São Paulo – SP (Brasil)
Tel.: (11) 2125-3500
http://www.paulinas.com.br – editora@paulinas.com.br
Telemarketing e SAC: 0800-7010081